bibl

Le Médecin volant

L'Amour médecin

Molière

Notes, questionnaires et dossier Bibliocollège
par Isabelle de LISLE,
agrégée de Lettres modernes,
professeur en collège et en lycée

Claire Waldie 6e 1

Crédits photographiques

pp. 4, 5, 8, 23, 42, 46, 47, 63, 65, 74, 77, 84, 91, 106, 109, 114, 117, 125 :
© Photothèque Hachette Livre. p. 21 : © Marc Enguérand. p. 33 : © Pascal
Gély, Agence Bernand.

Conception graphique
Couverture : *Laurent Carré*
Intérieur : *ELSE*

Édition
Marie Mazas

Mise en page
MCP

Illustration des questionnaires
Harvey Stevenson

Dossier pédagogique téléchargeable gratuitement sur :
www.hachette-education.com

ISBN : 978-2-01-281454-7

Sommaire

Farceurs : personnages des comédies italienne et française
(Comédie-Française, peinture anonyme, 1670).

Molière. Jodelet. Poisson. Turlupin. Le Capitan Metamore. Arlequin. Guillot-Gorju. Gros Guillaume. Gaultier-Garguille. polichinelle. Pantalon. Scaramouche. Briguelle. Trivelin. Le Docteur Grazian Balourd. Philippin.

Introduction

En 1673, à la quatrième repré-sentation du *Malade imagi-naire*, Molière est pris d'un malaise et doit quitter la scène. Gravement malade, il meurt quelques heures plus tard. Les médecins s'étaient montrés impuissants à le soigner et le dramaturge avait choisi de les critiquer une dernière fois avant de partir. Une comédie-ballet légère et satirique, divertissante, pour une ultime révérence...

Mais cette dernière pièce, loin d'être révolutionnaire, puise dans une veine ancienne : les médecins sont déjà l'objet d'une satire dans le théâtre médiéval et chez les comédiens italiens. Molière, quant à lui, avait déjà épinglé cette profession à plusieurs reprises.

En effet, en 1659, bien avant *Le Médecin malgré lui* (1666), une comédie au cours de laquelle un « faiseur de fagots » prend la robe d'un médecin pour guérir une jeune fille qui feint d'être malade, le jeune Molière monte *Le Médecin volant* : la jeune fille n'est pas malade, le médecin n'est pas

Le Docteur. Dessin de Maurice Sand, gravure d'Adrien Lavieille.

médecin. Dans la tradition de la farce et de la *commedia dell'arte*, Molière compose une pièce qui annonce ses prochaines comédies : des jeunes gens qui s'aiment, un père égoïste et avare, qui refuse leur mariage, un valet débrouillard qui ne manque pas d'imagination, des jeux de scène qui sont parfois de vraies acrobaties, une touche de satire... Le rire est garanti.

En 1665, après l'interdiction du *Tartuffe*, Molière, déjà malade, connaît des ennuis financiers. Aussi, lorsque Louis XIV lui demande un petit divertissement, n'hésite-t-il pas à puiser dans la veine qui lui a déjà assuré le succès. S'associant avec le compositeur Lully, comme il le fera aussi en 1670 pour le célèbre *Bourgeois gentilhomme*, il monte une comédie-ballet, *L'Amour médecin*, où le plaisir du spectacle et des fourberies conquiert le public : un mariage contrarié, une servante effrontée, des vrais médecins et un faux... Au bout du compte, l'amour triomphe et le spectateur est ravi. Cependant, les années ont passé depuis *Le Médecin volant* et la critique est plus amère : la médecine est dénoncée une fois de plus, mais de façon plus profonde, car Molière s'en prend avant tout à l'hypocrisie et à toutes les formes d'égoïsme.

Ainsi, les deux courtes pièces réunies ici nous permettent d'entrer dans le théâtre de Molière, dans son inspiration comique comme dans ses combats.

Le Médecin volant

Molière

Les Personnages
Valère, amant[1] de Lucile.
Sabine, cousine de Lucile.
Sganarelle, valet de Valère.
Gorgibus, père de Lucile.
Gros-René, valet de Gorgibus.
Lucile, fille de Gorgibus.
Un Avocat.

Décor de comédie (1545).

note
1. *amant :* amoureux.

Scène première

VALÈRE, SABINE.

VALÈRE – Hé bien ! Sabine, quel conseil me donneras-tu ?

SABINE – Vraiment, il y a bien des nouvelles. Mon oncle veut résolument[1] que ma cousine épouse Villebrequin, et les affaires sont tellement avancées, que je crois qu'ils eussent été mariés dès aujourd'hui, si vous n'étiez aimé ; mais comme ma cousine m'a confié le secret de l'amour qu'elle vous porte, et que nous nous sommes vues à l'extrémité[2] par l'avarice de mon vilain oncle, nous nous sommes avisées[3] d'une bonne invention pour différer[4] le mariage. C'est que ma cousine, dès l'heure que je vous parle, contrefait la malade[5] ; et le bon vieillard, qui est assez crédule[6], m'envoie quérir un médecin. Si vous en pouviez envoyer quelqu'un qui fût de vos bons amis, et qui fût de notre intelligence[7], il conseillerait à la malade de prendre l'air à la campagne. Le bonhomme ne manquera pas de faire loger ma cousine à ce pavillon qui est au bout de notre jardin, et par ce moyen vous pourriez l'entretenir[8] à l'insu de notre vieillard[9], l'épouser, et le laisser pester tout son soûl[10] avec Villebrequin.

VALÈRE – Mais le moyen de trouver sitôt un médecin à ma poste[11], et qui voulût tant hasarder[12] pour mon service ? Je te le dis franchement, je n'en connais pas un.

notes

1. *résolument :* absolument, à tout prix.
2. *à l'extrémité :* dans une situation extrêmement difficile.
3. *nous nous sommes avisées de :* nous avons réfléchi à.
4. *différer :* retarder, repousser.
5. *contrefait la malade :* joue la malade.
6. *crédule :* naïf.
7. *de notre intelligence :* notre complice.
8. *l'entretenir :* lui parler.
9. *à l'insu de notre vieillard :* sans que notre vieillard soit au courant.
10. *tout son soûl :* autant qu'il le souhaite.
11. *à ma poste :* à ma disposition.
12. *hasarder :* prendre des risques.

SABINE – Je songe une chose : si vous faisiez habiller votre valet en médecin ? Il n'y a rien de si facile à duper que le bonhomme.

25 VALÈRE – C'est un lourdaud qui gâtera tout ; mais il faut s'en servir faute d'autre. Adieu, je le vais chercher. Où diable trouver ce maroufle[1] à présent ? Mais le voici tout à propos.

Scène II

VALÈRE, SGANARELLE.

VALÈRE – Ah ! mon pauvre Sganarelle, que j'ai de joie de te voir ! J'ai besoin de toi dans une affaire de conséquence[2] ;
30 mais, comme je ne sais pas ce que tu sais faire...

SGANARELLE – Ce que je sais faire, Monsieur ? Employez-moi seulement en vos affaires de conséquence, en quelque chose d'importance : par exemple, envoyez-moi voir quelle heure il est à une horloge, voir combien le beurre vaut au marché,
35 abreuver[3] un cheval ; c'est alors que vous connaîtrez ce que je sais faire.

VALÈRE – Ce n'est pas cela : c'est qu'il faut que tu contrefasses le médecin.

SGANARELLE – Moi, médecin, Monsieur ! Je suis prêt à faire tout
40 ce qu'il vous plaira, mais pour faire le médecin, je suis assez votre serviteur pour n'en rien faire du tout ; et par quel bout m'y prendre, bon Dieu ? Ma foi ! Monsieur, vous vous moquez de moi.

---

notes

1. maroufle : nigaud, imbécile.
2. affaire de conséquence : affaire importante.
3. abreuver : donner à boire à.

VALÈRE – Si tu veux entreprendre cela, va, je te donnerai dix
45   pistoles[1].

SGANARELLE – Ah ! pour dix pistoles, je ne dis pas que je ne sois
médecin ; car, voyez-vous bien, Monsieur ? Je n'ai pas l'esprit
tant, tant subtil[2], pour vous dire la vérité ; mais, quand je serai
médecin, où irai-je ?

50   VALÈRE – Chez le bonhomme Gorgibus, voir sa fille, qui est
malade ; mais tu es un lourdaud qui, au lieu de bien faire,
pourrais bien...

SGANARELLE – Hé ! mon Dieu, Monsieur, ne soyez point
en peine ; je vous réponds que je ferai aussi bien mourir une
55   personne qu'aucun médecin qui soit dans la ville. On dit
un proverbe, d'ordinaire : *Après la mort, le médecin* ; mais vous
verrez que si je m'en mêle, on dira : *Après le médecin, gare
la mort*[3] ! Mais néanmoins, quand je songe, cela est bien
difficile de faire le médecin ; et si je ne fais rien qui vaille[4]... ?

60   VALÈRE – Il n'y a rien de si facile en cette rencontre : Gorgibus
est un homme simple, grossier, qui se laissera étourdir de ton
discours, pourvu que tu parles d'Hippocrate[5] et de Galien[6],
et que tu sois un peu effronté[7].

SGANARELLE – C'est-à-dire qu'il lui faudra parler philosophie,
65   mathématique. Laissez-moi faire ; s'il est un homme facile,

notes

1. pistoles : anciennes pièces d'or, monnaie espagnole ou italienne.
2. subtil : fin, malin.
3. gare la mort : attention à la mort.
4. rien qui vaille : rien de bon.

5. Hippocrate : médecin grec (v. 460 - v. 370 av. J.-C.) auquel on se réfère encore aujourd'hui : les médecins prêtent serment selon celui d'Hippocrate.
6. Galien : médecin grec (v. 131 - v. 201 ap. J.-C.) qui a repris la théorie des humeurs d'Hippocrate ; celle-ci ne sera remise en cause qu'au XVIIe siècle.
7. effronté : plein d'assurance, insolent.

comme vous le dites, je vous réponds de tout ; venez seulement me faire avoir un habit de médecin[1], et m'instruire de ce qu'il faut faire, et me donner mes licences[2], qui sont les dix pistoles promises.

70

Valère et Sganarelle s'en vont.

Scène III

GORGIBUS, GROS-RENÉ.

GORGIBUS – Allez vitement[3] chercher un médecin, car ma fille est bien malade, et dépêchez-vous.

GROS-RENÉ – Que diable aussi ! pourquoi vouloir donner votre fille à un vieillard ? Croyez-vous que ce ne soit pas
75 le désir qu'elle a d'avoir un jeune homme qui la travaille[4] ? Voyez-vous la connexité[5] qu'il y a, etc.[6] *(Galimatias[7].)*

GORGIBUS – Va-t'en vite ; je vois bien que cette maladie-là reculera bien les noces.

GROS-RENÉ – Et c'est ce qui me fait enrager : je croyais refaire
80 mon ventre d'une bonne carrelure[8], et m'en voilà sevré[9]. Je m'en vais chercher un médecin pour moi aussi bien que pour votre fille ; je suis désespéré.

Il sort.

notes

1. **habit de médecin :** grande robe noire, fraise (large col blanc) et chapeau pointu portés par les médecins.
2. **licences :** diplômes.
3. **vitement :** rapidement.
4. **travaille :** préoccupe, fait souffrir.
5. **connexité :** lien.
6. **etc. :** comme dans le théâtre italien, la *commedia dell'arte*, le comédien doit improviser la suite de la réplique.
7. **Galimatias :** paroles qui semblent avoir un sens mais n'en ont pas. Les didascalies ont été ajoutées en 1819.
8. **carrelure :** repas.
9. **sevré :** privé.

Au fil du texte

AVEZ-VOUS BIEN LU ?

1. Parmi ces propositions, lesquelles sont justes ?

a) Le passage étudié est composé de trois scènes.

b) Les scènes sont de longueur identique.

c) Le changement de scène correspond à l'entrée et/ou à la sortie d'un personnage.

d) Les didascalies★ précisent toutes les mouvements des personnages.

2. Qui sont les maîtres et quels sont leurs valets respectifs ?

3. Qui est Villebrequin ?

4. Quel lien de parenté existe-t-il entre Sabine et Gorgibus ?

didascalies : indications en italique, destinées à préciser la mise en scène ou le jeu des comédiens.

réplique : parole d'un personnage.

ÉTUDIER L'OUVERTURE : LA SCÈNE PREMIÈRE

5. Comment la première réplique★ de la scène donne-t-elle l'impression que l'histoire a commencé avant le lever de rideau ? Quel est l'effet produit ?

6. Pourquoi la première réplique de Sabine est-elle, selon vous, aussi longue ?

7. Relevez les phrases interrogatives de cette scène en précisant qui les prononce. Laquelle de ces interrogations est différente des autres ? Justifiez votre réponse.

8. Selon vous, à quoi servent ces questions dans la scène d'ouverture ?

ÉTUDIER LA PROGRESSION DE L'EXPOSITION*

9. Qu'apprend-on, dans la scène première, à propos de l'identité des personnages et de l'intrigue* ?

10. Comment connaît-on l'identité des personnages qui arrivent dans les scènes II et III ?

11. Comment l'exposition éclaire-t-elle le titre ? En quoi ce dernier reste-t-il encore mystérieux ?

12. Par quels procédés l'exposition parvient-elle à susciter la curiosité des spectateurs ?

exposition : début de la pièce, au cours duquel sont données les informations nécessaires à la compréhension de l'intrigue.

intrigue : action, histoire.

ÉTUDIER LES PERSONNAGES

13. À quels éléments voit-on que Sganarelle occupe bien une fonction de domestique ?

14. En rapprochant Sganarelle et Gros-René, dégagez quelques traits de caractère des valets de comédie.

15. Quel personnage fait preuve d'ingéniosité ? Justifiez votre réponse.

16. Dans les propos de Sabine (scène première), relevez deux informations quant au caractère de Gorgibus. Donnez à chaque fois le nom et l'adjectif qualificatif correspondant.

17. Quel effet produit le rapprochement des deux répliques de Gorgibus dans la scène III ?

ÉTUDIER LE GENRE

18. À quel passage voit-on que Molière s'inspire
de la *commedia dell'arte*★ ?

19. À quels éléments comprend-on que les maîtres
ne savent pas se débrouiller seuls ?

20. Dans les scènes I et II, relevez les expressions qui
évoquent la tromperie.

21. Dans la tirade★ de Sabine (scène première), quel
adverbe exprime l'autorité de Gorgibus sur sa fille
et quels éléments insistent sur l'urgence
de la situation ?

22. En quoi ces scènes d'exposition sont-elles
comiques ?

**commedia
dell'arte :
théâtre italien
caractérisé,
notamment, par
l'improvisation.**

***tirade* : longue
réplique.**

À VOS PLUMES !

23. Imaginez un dialogue entre Lucile et Sabine,
cette dernière rapportant à sa cousine le stratagème
mis en place et lui prodiguant ses conseils.
Vous adopterez une forme théâtrale et penserez
à introduire des didascalies.

Scène IV

SABINE, GORGIBUS, SGANARELLE.

85 SABINE – Je vous trouve à propos[1], mon oncle, pour vous apprendre une bonne nouvelle. Je vous amène le plus habile médecin du monde, un homme qui vient des pays étrangers, qui sait les plus beaux secrets, et qui sans doute guérira ma cousine. On me l'a indiqué par bonheur, et je vous l'amène. Il est si savant, que je voudrais de bon cœur[2] être 90 malade, afin qu'il me guérît.

GORGIBUS – Où est-il donc ?

SABINE – Le voilà qui me suit ; tenez, le voilà.

GORGIBUS – Très humble[3] serviteur à Monsieur le médecin ! Je vous envoie quérir[4] pour voir ma fille, qui est malade ; 95 je mets toute mon espérance en vous.

SGANARELLE – Hippocrate dit, et Galien par vives raisons[5] persuade qu'une personne ne se porte pas bien quand elle est malade. Vous avez raison de mettre votre espérance en moi ; car je suis le plus grand, le plus habile, le plus docte[6] médecin 100 qui soit dans la faculté végétable, sensitive et minérale[7].

GORGIBUS – J'en suis fort ravi.

SGANARELLE – Ne vous imaginez pas que je sois un médecin ordinaire, un médecin du commun. Tous les autres médecins ne sont, à mon égard, que des avortons de médecine[8]. J'ai des 105 talents particuliers, j'ai des secrets. *Salamalec, salamalec*[9].

notes

1. à propos : juste au bon moment.
2. de bon cœur : volontiers.
3. humble : modeste.
4. quérir : chercher.
5. par vives raisons : grâce à de bonnes raisons.
6. docte : savant.
7. dans la faculté végétable, sensitive et minérale : jargon pour évoquer les remèdes tirés de la nature (végétaux, animaux, minéraux).
8. avortons de médecine : médecins sans valeur.
9. Salamalec : formule de salutation arabe (« Que la paix soit avec vous »).

« Rodrigue, as-tu du cœur ? »[1] *Signor, si ; segnor, non*[2]. *Per omnia sæcula sæculorum*[3]. Mais encore voyons un peu.

SABINE – Hé ! ce n'est pas lui qui est malade, c'est sa fille.

SGANARELLE – Il n'importe : le sang du père et de la fille ne sont qu'une même chose ; et par l'altération[4] de celui du père, je puis connaître la maladie de la fille. Monsieur Gorgibus, y aurait-il moyen de voir de l'urine[5] de l'égrotante[6] ?

GORGIBUS – Oui-da[7] ; Sabine, vite allez quérir de l'urine de ma fille. *(Sabine sort.)* Monsieur le médecin, j'ai grand'peur qu'elle ne meure.

SGANARELLE – Ah ! qu'elle s'en garde bien ! Il ne faut pas qu'elle s'amuse à se laisser mourir sans l'ordonnance du médecin. *(Sabine rentre.)* Voilà de l'urine qui marque grande chaleur, grande inflammation dans les intestins : elle n'est pas tant mauvaise pourtant.

GORGIBUS – Hé quoi ? Monsieur, vous l'avalez ?

SGANARELLE – Ne vous étonnez pas de cela ; les médecins, d'ordinaire, se contentent de la regarder ; mais moi, qui suis un médecin hors du commun, je l'avale, parce qu'avec le goût je discerne[8] bien mieux la cause et les suites[9] de la maladie. Mais, à vous dire la vérité, il y en avait trop peu pour asseoir un bon jugement[10] : qu'on la fasse encore pisser.

SABINE *sort et revient* – J'ai bien eu de la peine à la faire pisser.

notes

1. **« *Rodrigue, as-tu du cœur ?* » :** vers célèbre, extrait du *Cid* de Corneille (1637).
2. **Signor, si ; segnor, non :** Oui, monsieur ; non, monsieur (en italien).
3. **Per omnia sæcula sæculorum :** « Pour les siècles des siècles », formule utilisée dans le latin d'église.
4. **l'altération :** la dégradation.
5. L'examen des urines occupe une place importante dans la médecine du XVIIe siècle.
6. **égrotante :** malade.
7. **Oui-da :** oui, dans le langage populaire.
8. **discerne :** distingue.
9. **suites :** conséquences.
10. **asseoir un bon jugement :** se faire une opinion juste.

SGANARELLE – Que cela ? voilà bien de quoi ! Faites-la pisser
130   copieusement, copieusement. Si tous les malades pissent
de la sorte, je veux être médecin toute ma vie.

SABINE *sort et revient* – Voilà tout ce qu'on peut avoir : elle
ne peut pas pisser davantage.

SGANARELLE – Quoi ? Monsieur Gorgibus, votre fille ne pisse
135   que des gouttes ? voilà une pauvre pisseuse que votre fille ;
je vois bien qu'il faudra que je lui ordonne une potion
pissative. N'y aurait-il pas moyen de voir la malade ?

SABINE – Elle est levée ; si vous voulez, je la ferai venir.

Scène v

LUCILE, SABINE, GORGIBUS, SGANARELLE.

SGANARELLE – Hé bien ! Mademoiselle, vous êtes malade ?

140   LUCILE – Oui, Monsieur.

SGANARELLE – Tant pis ! c'est une marque que vous ne vous
portez pas bien. Sentez-vous de grandes douleurs à la tête, aux
reins ?

LUCILE – Oui, Monsieur.

145   SGANARELLE – C'est fort bien fait. Ovide[1], ce grand médecin,
au chapitre qu'il a fait de la nature des animaux, dit... cent
belles choses ; et comme les humeurs[2] qui ont de la connexité
ont beaucoup de rapport, car, par exemple, comme la mélancolie[3] est ennemie de la joie, et que la bile qui se répand par

notes

1. Ovide : poète latin (43 av.
J.-C. - 17 ap. J.-C.).
2. humeurs : au XVIIe siècle, la
théorie antique des humeurs
a encore cours ; on pense que
la santé repose sur l'équilibre

de quatre humeurs : le sang,
le flegme, la bile noire et la
bile jaune.
3. mélancolie : maladie liée à
un excès de bile noire, selon

les médecins du XVIIe siècle, et
caractérisée par une grande
tristesse.

150 le corps nous fait devenir jaunes, et qu'il n'est rien plus contraire à la santé que la maladie, nous pouvons dire, avec ce grand homme, que votre fille est fort malade. Il faut que je vous fasse une ordonnance.

GORGIBUS – Vite une table, du papier, de l'encre.

155 SGANARELLE – Y a-t-il ici quelqu'un qui sache écrire ?

GORGIBUS – Est-ce que vous ne le savez point ?

SGANARELLE – Ah ! je ne m'en souvenais pas ; j'ai tant d'affaires dans la tête, que j'oublie la moitié... Je crois qu'il serait nécessaire que votre fille prît un peu l'air, qu'elle se divertît

160 à la campagne.

GORGIBUS – Nous avons un fort beau jardin, et quelques chambres qui y répondent[1] ; si vous le trouvez à propos, je l'y ferai loger.

SGANARELLE – Allons, allons visiter les lieux.

165 *Ils sortent tous.*

Scène VI

L'AVOCAT – J'ai ouï[2] dire que la fille de M. Gorgibus était malade : il faut que je m'informe de sa santé, et que je lui offre mes services comme ami de toute sa famille. Holà ! holà ! M. Gorgibus y est-il ?

Scène VII

GORGIBUS, L'AVOCAT.

170 GORGIBUS – Monsieur, votre très humble, etc.

notes

1. qui y répondent : qui donnent sur ce jardin.　**2. ouï :** entendu.

L'Avocat – Ayant appris la maladie de Mademoiselle votre fille, je vous suis venu témoigner la part que j'y prends, et vous faire offre[1] de tout ce qui dépend de moi.

Gorgibus – J'étais là dedans avec le plus savant homme.

175 L'Avocat – N'y aurait-il pas moyen de l'entretenir un moment ?

Scène VIII

GORGIBUS, L'AVOCAT, SGANARELLE.

Gorgibus – Monsieur, voilà un fort habile homme de mes amis qui souhaiterait de vous parler et vous entretenir.

Sganarelle – Je n'ai pas le loisir[2], Monsieur Gorgibus : il faut
180 aller à mes malades. Je ne prendrai pas la droite avec vous[3], Monsieur.

L'Avocat – Monsieur, après ce que m'a dit M. Gorgibus de votre mérite et de votre savoir, j'ai eu la plus grande passion du monde d'avoir l'honneur de votre connaissance, et j'ai pris
185 la liberté de vous saluer à ce dessein[4] : je crois que vous ne le trouverez pas mauvais. Il faut avouer que tous ceux qui excellent en quelque science sont dignes de grande louange, et particulièrement ceux qui font profession de la médecine, tant à cause de son utilité, que parce qu'elle contient en elle
190 plusieurs autres sciences, ce qui rend sa parfaite connaissance fort difficile ; et c'est fort à propos qu'Hippocrate dit dans son premier aphorisme[5] : *Vita brevis, ars vero longa, occasio autem præceps, experimentum periculosum, judicium difficile*[6].

notes

1. **faire offre :** offrir, proposer.
2. **Je n'ai pas le loisir :** je n'ai pas le temps.
3. **Je ne prendrai pas la droite avec vous :** je ne vous suivrai pas.
4. **à ce dessein :** dans cette intention.
5. **aphorisme :** formule brève contenant une leçon.
6. **Vita [...] difficile :** « La vie est courte, l'art (le savoir-faire) long à acquérir, l'occasion fugitive (rapide), l'expérience dangereuse, le jugement difficile. »

**Mise en scène de Dario Fo à la Comédie-Française (1990),
avec Dominique Rozan (Gorgibus), Marcel Bozonnet (l'Avocat)
et Christian Blanc (Sganarelle).**

SGANARELLE, *à Gorgibus – Ficile tantina pota baril cambustibus*[1].

195   L'AVOCAT – Vous n'êtes pas de ces médecins qui ne vous
      appliquez[2] qu'à la médecine qu'on appelle rationale
      ou dogmatique[3], et je crois que vous l'exercez tous les jours
      avec beaucoup de succès : *experientia magistra rerum*[4]. Les
      premiers hommes qui firent profession de la médecine furent
200   tellement estimés d'avoir cette belle science, qu'on les mit

notes

1. Ficile [...] cambustibus :
latin inventé par Sganarelle.
2. appliquez : intéressez.
3. rationale ou dogmatique :

théorique, telle qu'on
l'enseigne à la faculté, pour
la différencier de la pratique.
4. experientia magistra

rerum : « l'expérience
maîtresse des choses »
(supérieure à tout), citation
d'Érasme (1469-1536).

au nombre des Dieux pour les belles cures[1] qu'ils faisaient tous les jours. Ce n'est pas qu'on doive mépriser un médecin qui n'aurait pas rendu la santé à son malade, parce qu'elle ne dépend pas absolument de ses remèdes, ni de son savoir :

205   *Interdum docta plus valet arte malum*[2].

Monsieur, j'ai peur de vous être importun[3] : je prends congé de vous[4], dans l'espérance que j'ai qu'à la première vue[5] j'aurai l'honneur de converser avec vous avec plus de loisir. Vos heures vous sont précieuses, etc.

210   *L'Avocat sort.*

Gorgibus – Que vous semble[6] de cet homme-là ?

Sganarelle – Il sait quelque petite chose. S'il fût demeuré tant soit peu davantage, je l'allais mettre sur une matière sublime et relevée[7]. Cependant, je prends congé de vous. *(Gorgibus lui*
215   *donne de l'argent.)* Hé ! que voulez-vous faire ?

Gorgibus – Je sais bien ce que je vous dois.

Sganarelle – Vous vous moquez, Monsieur Gorgibus. Je n'en prendrai pas, je ne suis pas un homme mercenaire[8]. *(Il prend l'argent.)* Votre très humble serviteur.

220   *Sganarelle sort et Gorgibus rentre dans sa maison.*

---

notes

1. cures : guérisons.
2. Interdum [...] malum : « Parfois, le mal a plus de poids que l'art docte » (le mal triomphe du savoir-faire savant), citation du poète latin Ovide.
3. de vous être importun : de vous ennuyer.

4. je prends congé de vous : je vous quitte.
5. la première vue : la prochaine fois que je vous verrai.
6. Que vous semble : que pensez-vous.
7. Je l'allais [...] relevée : j'allais l'amener à aborder

un sujet particulièrement noble et délicat.
8. mercenaire : qui travaille pour de l'argent.

Les comédiens de l'Hôtel de Bourgogne (XVIIe siècle).

Au fil du texte

Avez-vous bien lu ?

1. Qui introduit Sganarelle auprès de Gorgibus ?

2. Qui introduit Lucile ?

3. Quel remède Sganarelle propose-t-il pour soigner Lucile ?

4. Qu'est-ce qui justifie la venue de l'Avocat ?

Étudier la dimension théâtrale

5. Scène IV, qu'est-ce qui permet à Gorgibus de reconnaître en Sganarelle le médecin venu soigner sa fille ?

6. Précisez la didascalie « *Sabine sort et revient* » (l. 128 et 132) en vous appuyant sur le dialogue. Justifiez votre réponse. Que pouvez-vous en déduire quant au travail du metteur en scène ?

7. Dans la scène V, quelles sont les différents types de phrases* utilisés ? Quel est l'effet produit ?

8. Quelles sont les marques du langage oral dans cette scène V ?

9. Quels sont les deux accessoires nécessaires dans les scènes IV à VIII ?

10. Relevez deux passages qui supposent une improvisation de la part des comédiens.

11. En vous aidant des réponses précédentes, montrez que ces scènes, à l'image de l'ensemble de la pièce, sont destinées à être représentées plutôt que lues.

types de phrases : classification des phrases selon l'intonation (phrases déclarative, exclamative, interrogative, injonctive).

ÉTUDIER LE COMIQUE DE LA FARCE

12. En vous appuyant sur le déroulement des scènes IV, V et VIII, complétez le tableau suivant.

Éléments qui appartiennent à une consultation ordinaire	Éléments qui appartiennent à une consultation fantaisiste

farce : genre théâtral comique datant du Moyen Âge et reposant essentiellement sur les gestes et un comique grossier.

hyperboles : marques d'exagération du discours.

13. Quel passage relève d'un comique grossier, caractéristique de la farce★ ?

14. Relevez les hyperboles★ dans la première réplique de la scène IV. Quel est l'effet produit ?

15. En quoi Gorgibus est-il un personnage comique ?

16. Dans quelle mesure Sganarelle se faisant passer pour un médecin fait-il aussi rire les spectateurs ?

ÉTUDIER DEUX IMAGES DE LA MÉDECINE

17. Quelle image de la médecine Sganarelle nous donne-t-il ?

18. À quoi voit-on que l'Avocat est un homme cultivé ?

19. Quelle image de la médecine l'Avocat donne-t-il ?

20. Quelle image de sa profession l'Avocat présente-t-il ?

21. Pourquoi, selon vous, Molière a-t-il choisi de présenter deux images contradictoires de la médecine ? Laquelle domine ?

22. Quel est, selon vous, l'effet produit par les quatre répliques qui suivent le départ de l'Avocat à la fin du passage ?

LIRE L'IMAGE

23. Page 21, le metteur en scène Dario Fo fait boire à l'Avocat de l'urine de Lucile. Cet élément figure-t-il dans le texte de Molière ? Expliquez ce choix de mise en scène.

24. Page 21, décrivez l'attitude des différents personnages.

À VOS PLUMES !

25. En vous inspirant de la fausse consultation de Sganarelle, écrivez, sous la forme d'un dialogue théâtral, la fausse consultation d'un dentiste ou bien une fausse leçon de musique ou de sport.

Scène IX

VALÈRE – Je ne sais ce qu'aura fait Sganarelle : je n'ai point eu de ses nouvelles, et je suis fort en peine[1] où je le pourrais rencontrer. *(Sganarelle revient en habit de valet.)* Mais bon, le voici. Hé bien ! Sganarelle, qu'as-tu fait depuis que je ne t'ai
225 point vu ?

Scène X

SGANARELLE, VALÈRE.

SGANARELLE – Merveille sur merveille ; j'ai si bien fait, que Gorgibus me prend pour un habile médecin. Je me suis introduit chez lui, et lui ai conseillé de faire prendre l'air à sa fille, laquelle est à présent dans un appartement qui est
230 au bout de leur jardin, tellement qu'elle est fort éloignée du vieillard, et que vous pouvez l'aller voir commodément[2].

VALÈRE – Ah ! que tu me donnes de joie ! Sans perdre de temps, je la vais trouver de ce pas.

Il sort.

235 SGANARELLE – Il faut avouer que ce bonhomme Gorgibus est un vrai lourdaud de se laisser tromper de la sorte. *(Apercevant Gorgibus.)* Ah ! ma foi, tout est perdu : c'est à ce coup que[3] voilà la médecine renversée, mais il faut que je le trompe.

Scène XI

SGANARELLE, GORGIBUS.

GORGIBUS – Bonjour, Monsieur.

notes

1. *je suis fort en peine :* je ne sais pas du tout.
2. *commodément :* facilement, aisément.
3. *c'est à ce coup que :* c'est ainsi que.

240 SGANARELLE – Monsieur, votre serviteur[1]. Vous voyez
un pauvre garçon au désespoir ; ne connaissez-vous pas
un médecin qui est arrivé depuis peu en cette ville, qui fait des
cures admirables[2] ?

GORGIBUS – Oui, je le connais : il vient de sortir de chez moi.

245 SGANARELLE – Je suis son frère, Monsieur : nous sommes
gémeaux[3] ; et, comme nous nous ressemblons fort, on nous
prend quelquefois l'un pour l'autre.

GORGIBUS – Je [me] dédonne au diable[4] si je n'y ai été trompé.
Et comme[5] vous nommez-vous ?

250 SGANARELLE – Narcisse, Monsieur, pour vous rendre service.
Il faut que vous sachiez qu'étant dans son cabinet[6], j'ai
répandu deux fioles[7] d'essence[8] qui étaient sur le bout
de sa table ; aussitôt il s'est mis dans une colère si étrange
contre moi, qu'il m'a mis hors du logis, et ne me veut plus
255 jamais voir, tellement que je suis un pauvre garçon à présent
sans appui, sans support, sans aucune connaissance[9].

GORGIBUS – Allez, je ferai votre paix : je suis de ses amis,
et je vous promets de vous remettre avec lui. Je lui parlerai
d'abord que[10] je le verrai.

260 SGANARELLE – Je vous serai bien obligé[11], Monsieur Gorgibus.
Sganarelle sort et rentre aussitôt avec sa robe de médecin.

notes

1. *votre serviteur :* formule de politesse pour indiquer le respect.
2. *qui fait des cures admirables :* qui soigne les gens de façon admirable.
3. *gémeaux :* jumeaux.
4. *Je me dédonne au diable :* je me donne au diable (juron).
5. *comme :* comment.
6. *cabinet :* bureau.
7. *fioles :* flacons.
8. *essence :* extrait précieux d'une plante.
9. *sans aucune connaissance :* qui ne connaît personne.
10. *d'abord que :* dès que.
11. *obligé :* reconnaissant.

Scène *XII*

SGANARELLE, GORGIBUS.

SGANARELLE – Il faut avouer que quand les malades ne veulent pas suivre l'avis du médecin, et qu'ils s'abandonnent à la débauche[1], que...

265 GORGIBUS – Monsieur le médecin, votre très humble serviteur. Je vous demande une grâce[2].

SGANARELLE – Qu'y a-t-il, Monsieur ? Est-il question de vous rendre service ?

GORGIBUS – Monsieur, je viens de rencontrer Monsieur votre
270 frère, qui est tout à fait fâché de...

SGANARELLE – C'est un coquin, Monsieur Gorgibus.

GORGIBUS – Je vous réponds qu'il est tellement contrit[3] de vous avoir mis en colère...

SGANARELLE – C'est un ivrogne, Monsieur Gorgibus.

275 GORGIBUS – Hé ! Monsieur, vous voulez désespérer ce pauvre garçon ?

SGANARELLE – Qu'on ne m'en parle plus ; mais voyez l'impudence[4] de ce coquin-là, de vous aller trouver pour faire son accord ; je vous prie de ne m'en pas parler.

280 GORGIBUS – Au nom de Dieu, Monsieur le médecin ! et faites cela pour l'amour de moi[5]. Si je suis capable de vous obliger[6] en autre chose, je le ferai de bon cœur. Je m'y suis engagé, et...

---

notes

1. *débauche :* vie désordonnée.
2. *grâce :* faveur.
3. *contrit :* ennuyé,
embarrassé.
4. *impudence :* effronterie, insolence.
5. *pour l'amour de moi :* pour me faire plaisir.
6. *obliger :* rendre service.

SGANARELLE – Vous m'en priez avec tant d'instance, que,
285 quoique j'eusse fait serment de ne lui pardonner jamais, allez,
touchez là[1] : je lui pardonne. Je vous assure que je me fais
grande violence[2], et qu'il faut que j'aie bien de la complaisance[3] pour vous. Adieu, Monsieur Gorgibus.

GORGIBUS – Monsieur, votre très humble serviteur; je m'en
290 vais chercher ce pauvre garçon pour lui apprendre cette
bonne nouvelle.

Scène XIII

VALÈRE, SGANARELLE.

VALÈRE – Il faut que j'avoue que je n'eusse jamais cru[4] que
Sganarelle se fût si bien acquitté de son devoir[5]. *(Sganarelle*
295 *rentre avec ses habits de valet.)* Ah ! mon pauvre garçon, que
je t'ai d'obligation[6] ! que j'ai de joie ! et que...

SGANARELLE – Ma foi, vous parlez fort à votre aise[7]. Gorgibus
m'a rencontré ; et sans une invention que j'ai trouvée, toute
la mèche[8] était découverte. *(Apercevant Gorgibus.)* Mais fuyez-
300 vous-en[9], le voici.

Valère sort.

Scène XIV

GORGIBUS, SGANARELLE.

GORGIBUS – Je vous cherchais partout pour vous dire que j'ai
parlé à votre frère : il m'a assuré qu'il vous pardonnait ; mais,

notes

1. touchez là : donnez-moi la main ; ce geste indique que l'on passe un accord.
2. que je me fais grande violence : que je le fais vraiment à contrecœur, que je me force.

3. complaisance : affection.
4. je n'eusse jamais cru : je n'aurais jamais cru (passé, 2e forme du conditionnel).
5. se fût si bien acquitté de son devoir : ait si bien fait ce qu'il devait faire.

6. que je t'ai d'obligation : comme je te dois beaucoup !
7. fort à votre aise : pour vous.
8. mèche : ruse.
9. fuyez-vous-en : enfuyez-vous.

pour en être plus assuré, je veux qu'il vous embrasse en ma présence ; entrez dans mon logis, et je l'irai chercher.

305 SGANARELLE – Ah ! Monsieur Gorgibus, je ne crois pas que vous le trouviez à présent ; et puis je ne resterai pas chez vous : je crains trop sa colère.

GORGIBUS – Ah ! vous demeurerez, car je vous enfermerai. Je m'en vais à présent chercher votre frère : ne craignez rien, 310 je vous réponds qu'il n'est plus fâché.

Gorgibus sort.

SGANARELLE, *de la fenêtre* – Ma foi, me voilà attrapé ce coup-là ; il n'y a plus moyen de m'en échapper. Le nuage est fort épais, et j'ai bien peur que, s'il vient à crever, il ne grêle sur mon dos 315 force[1] coups de bâton, ou que, par quelque ordonnance plus forte que toutes celles des médecins, on m'applique tout au moins un cautère royal[2] sur les épaules. Mes affaires vont mal ; mais pourquoi se désespérer ? Puisque j'ai tant fait, poussons la fourbe[3] jusques au bout. Oui, oui, il en faut 320 encore sortir, et faire voir que Sganarelle est le roi des fourbes[4].

Il saute de la fenêtre et s'en va.

Scène XV

GROS-RENÉ, GORGIBUS, SGANARELLE.

GROS-RENÉ – Ah! ma foi, voilà qui est drôle ! comme diable on saute ici par les fenêtres ! Il faut que je demeure ici, et que 325 je voie à quoi tout cela aboutira.

notes

1. force : une grande quantité de.
2. cautère royal : fer rougi destiné à cautériser les plaies ; allusion au fer qui servait à marquer d'une fleur de lys (symbole du pouvoir royal) les prisonniers.
3. fourbe : fourberie, ruse.
4. fourbes : trompeurs.

Gorgibus – Je ne saurais[1] trouver ce médecin ; je ne sais où diable il s'est caché. *(Apercevant Sganarelle qui revient en habit de médecin.)* Mais le voici. Monsieur, ce n'est pas assez d'avoir pardonné à votre frère ; je vous prie, pour ma satisfaction,
330 de l'embrasser : il est chez moi, et je vous cherchais partout pour vous prier de faire cet accord en ma présence.

Sganarelle – Vous vous moquez, Monsieur Gorgibus : n'est-ce pas assez que je lui pardonne ? Je ne le veux jamais voir.

335 Gorgibus – Mais, Monsieur, pour l'amour de moi.

Sganarelle – Je ne vous saurais rien refuser : dites-lui qu'il descende.

> *Pendant que Gorgibus rentre dans sa maison par la porte,*
> *Sganarelle y rentre par la fenêtre.*

340 Gorgibus, *à la fenêtre* – Voilà votre frère qui vous attend là-bas : il m'a promis qu'il fera tout ce que je voudrai.

Sganarelle, *à la fenêtre* – Monsieur Gorgibus, je vous prie de le faire venir ici : je vous conjure que ce soit en particulier que je lui demande pardon, parce que sans doute[2] il me ferait
345 cent hontes et cent opprobres[3] devant tout le monde.

Gorgibus sort de sa maison par la porte, et Sganarelle par la fenêtre.

Gorgibus – Oui-da, je m'en vais lui dire. Monsieur, il dit qu'il est honteux, et qu'il vous prie d'entrer, afin qu'il vous demande pardon en particulier[4]. Voilà la clef, vous pouvez
350 entrer ; je vous supplie de ne me pas refuser et de me donner ce contentement.

---

notes

1. Je ne saurais : je ne parviens pas à.

2. sans doute : sans aucun doute, certainement.
3. opprobres : reproches.

4. en particulier : à l'écart, en tête-à-tête.

Mise en scène de Dario Fo à la Comédie-Française (1990).

SGANARELLE – Il n'y a rien que je ne fasse pour votre satisfaction : vous allez entendre de quelle manière je le vais traiter. *(À la fenêtre.)* Ah ! te voilà, coquin. – Monsieur mon frère,
355 je vous demande pardon, je vous promets qu'il n'y a point de ma faute. – Il n'y a point de ta faute, pilier de débauche, coquin ? Va, je t'apprendrai à vivre. Avoir la hardiesse[1] d'importuner M. Gorgibus, de lui rompre la tête[2] de ses sottises ! – Monsieur mon frère... – Tais-toi, te dis-je. – Je
360 ne vous désoblig... – Tais-toi, coquin.

GROS-RENÉ – Qui diable pensez-vous qui soit chez vous à présent ?

notes

1. hardiesse : audace, culot.

2. rompre la tête : casser les pieds (familier), déranger.

GORGIBUS – C'est le médecin et Narcisse son frère ; ils avaient quelque différend[1], et ils font leur accord[2].

365 GROS-RENÉ – Le diable emporte ![3] ils ne sont qu'un.

SGANARELLE, *à la fenêtre* – Ivrogne que tu es, je t'apprendrai à vivre. Comme il baisse la vue[4] ! il voit bien qu'il a failli[5], le pendard[6]. Ah ! l'hypocrite, comme il fait le bon apôtre[7] !

GROS-RENÉ – Monsieur, dites-lui un peu par plaisir qu'il fasse
370 mettre son frère à la fenêtre.

GORGIBUS – Oui-da, Monsieur le médecin, je vous prie de faire paraître votre frère à la fenêtre.

SGANARELLE, *de la fenêtre* – Il est indigne de la vue des gens d'honneur, et puis je ne le saurais souffrir[8] auprès de moi.

375 GORGIBUS – Monsieur, ne me refusez pas cette grâce, après toutes celles que vous m'avez faites.

SGANARELLE, *de la fenêtre* – En vérité, Monsieur Gorgibus, vous avez un tel pouvoir sur moi que je ne vous puis rien refuser. Montre, montre-toi, coquin. *(Après avoir disparu un moment,*
380 *il se remontre en habit de valet.)* – Monsieur Gorgibus, je suis votre obligé. *(Il disparaît encore, et reparaît aussitôt en robe de médecin.)* – Hé bien ! avez-vous vu cette image de la débauche ?

GROS-RENÉ – Ma foi, ils ne sont qu'un ; et, pour vous
385 le prouver, dites-lui un peu que vous les voulez voir ensemble.

---

notes

1. **différend :** désaccord.
2. **ils font leur accord :** ils se réconcilient.
3. **Le diable emporte ! :** que
4. **il baisse la vue :** il baisse les yeux.

5. **il a failli :** il s'est mal comporté.
6. **pendard :** vaurien.
7. **comme il fait le bon apôtre :** comme il fait semblant d'être sage et

raisonnable (comme un véritable apôtre de Jésus dans les Évangiles).
8. **souffrir :** supporter.

GORGIBUS — Mais faites-moi la grâce de le faire paraître avec vous, et de l'embrasser[1] devant moi à la fenêtre.

SGANARELLE, *de la fenêtre* — C'est une chose que je refuserais
390 à tout autre qu'à vous ; mais pour vous montrer que je veux tout faire pour l'amour de vous, je m'y résous[2], quoique avec peine, et veux auparavant qu'il vous demande pardon de toutes les peines qu'il vous a données. — Oui, Monsieur Gorgibus, je vous demande pardon de vous avoir tant
395 importuné, et vous promets, mon frère, en présence de M. Gorgibus que voilà, de faire si bien désormais, que vous n'aurez plus lieu de vous plaindre, vous priant de ne plus songer à ce qui s'est passé.

Il embrasse son chapeau et sa fraise[3] qu'il a mis au bout de son coude.

400 GORGIBUS — Hé bien ! ne les voilà pas tous deux ?

GROS-RENÉ — Ah ! par ma foi, il est sorcier.

SGANARELLE, *sortant de la maison, en médecin* — Monsieur, voilà la clef de votre maison que je vous rends ; je n'ai pas voulu que ce coquin soit descendu avec moi, parce qu'il me fait honte :
405 je ne voudrais pas qu'on le vît en ma compagnie dans la ville, où je suis en quelque réputation[4]. Vous irez le faire sortir quand bon vous semblera. Je vous donne le bonjour, et suis votre, etc.

Il feint de s'en aller, et, après avoir mis bas sa robe,
410 *rentre dans la maison par la fenêtre.*

GORGIBUS — Il faut que j'aille délivrer ce pauvre garçon ; en vérité, s'il lui a pardonné, ce n'a pas été sans le bien maltraiter.

---

notes

1. **embrasser :** prendre dans ses bras.

2. **je m'y résous :** j'y consens.
3. **fraise :** grand col blanc amovible.

4. **je suis en quelque réputation :** j'ai bonne réputation.

Il entre dans sa maison, et en sort avec Sganarelle, en habit de valet.

415 SGANARELLE – Monsieur, je vous remercie de la peine que vous avez prise et de la bonté que vous avez eue : je vous en serai obligé toute ma vie.

GROS-RENÉ – Où pensez-vous que soit à présent le médecin ?

GORGIBUS – Il s'en est allé.

420 GROS-RENÉ, *qui a ramassé la robe de Sganarelle.* – Je le tiens sous mon bras. Voilà le coquin qui faisait le médecin, et qui vous trompe. Cependant[1] qu'il vous trompe et joue la farce chez vous, Valère et votre fille sont ensemble, qui s'en vont à tous les diables[2].

425 GORGIBUS – Ah ! que je suis malheureux ! mais tu seras pendu, fourbe, coquin.

SGANARELLE – Monsieur, qu'allez-vous faire de me pendre ? Écoutez un mot, s'il vous plaît : il est vrai que c'est par mon invention que mon maître est avec votre fille ; mais
430 en le servant, je ne vous ai point désobligé[3] : c'est un parti sortable[4] pour elle, tant pour la naissance[5] que pour les biens[6]. Croyez-moi, ne faites point un vacarme qui tournerait à votre confusion[7], et envoyez à tous les diables ce coquin-là, avec Villebrequin. Mais voici nos amants[8].

notes

1. **Cependant :** pendant.
2. **s'en vont à tous les diables :** s'en vont on ne sait où (là où ils seront perdus pour Gorgibus).

3. **je ne vous ai point désobligé :** je ne vous ai pas fait de tort.
4. **parti sortable :** homme que l'on peut épouser sans honte.

5. **naissance :** origine sociale.
6. **les biens :** la fortune.
7. **à votre confusion :** à vos dépens.
8. **amants :** amoureux.

Scène XVI et dernière

VALÈRE, LUCILE, GORGIBUS.

435   VALÈRE – Nous nous jetons à vos pieds[1].

GORGIBUS – Je vous pardonne, et suis heureusement trompé par Sganarelle, ayant un si brave gendre. Allons tous faire noces, et boire à la santé de toute la compagnie.

note

1. *Nous nous jetons à vos pieds* : nous nous mettons à genoux pour vous demander pardon.

Au fil du texte

Avez-vous bien lu ?

1. Qui est Narcisse ?

2. Qui découvre la supercherie de Sganarelle ?

3. Quelle menace Gorgibus profère-t-il à l'encontre de Sganarelle, quand il apprend que ce dernier l'a trompé ?

4. Comment se résout la question du mariage de Lucile ?

5. Quels personnages prononcent les répliques suivantes ?

a) « Il m'a assuré qu'il vous pardonnerait. »

b) « Il faut que je demeure ici et que je voie à quoi tout cela aboutira. »

c) « Nous nous jetons à vos pieds. »

fourbe : personnage qui ruse, trompe, pour parvenir à ses fins.

Étudier les personnages

6. En quoi Sganarelle est-il un fourbe★ ?

7. Montrez que, ici comme souvent dans la farce, les valets se montrent plus intelligents que leurs maîtres.

8. Qu'est-ce qui fait, malgré tout, de Gorgibus un personnage sympathique ?

ÉTUDIER UN JEU DE SCÈNE*

9. Quel décor est nécessaire pour jouer les scènes avec Narcisse ?

10. Quels sont les jeux de scène successifs ?

11. Que pensez-vous de la progression de ces jeux de scène ?

12. De quelles qualités le comédien qui joue Sganarelle doit-il faire preuve ?

13. Comment la scène XIV explique-t-elle le titre de la pièce ?

ÉTUDIER LE THÉÂTRE DANS LE THÉÂTRE*

14. Quels sont les trois rôles que le comédien qui joue Sganarelle doit tenir ? Quels sont leurs costumes respectifs ?

15. Comment le spectateur distingue-t-il ces trois rôles ?

16. Qui sont les spectateurs de ce théâtre dans le théâtre ?

17. Comment les scènes X et XIII permettent-elles de lier l'intrigue de la pièce et l'épisode comique du théâtre dans le théâtre ?

jeu de scène : moment comique reposant sur les déplacements ou les gestes des personnages.

théâtre dans le théâtre : procédé par lequel un personnage se fait passer pour un autre, comme si une pièce était jouée à l'intérieur de la pièce.

ÉTUDIER LE DÉNOUEMENT*

18. Quel est l'événement qui déclenche le dénouement ? Comment cet événement est-il préparé ?

19. Quel coup de théâtre*, après que Gorgibus a décidé de pendre Sganarelle, provoque le dénouement final ?

20. Pourquoi Gorgibus change-t-il d'avis quant au mariage de sa fille ?

21. En vous appuyant sur les verbes, les pronoms personnels et leurs fonctions respectives, étudiez la place des 1re et 2e personnes dans la dernière réplique de la pièce. Que peut-on en déduire quant au dénouement ?

dénouement :
**fin de l'intrigue,
lorsque les
problèmes sont
résolus.**

*coup de
théâtre :*
**événement
inattendu, qui
provoque le
dénouement.**

LIRE L'IMAGE

22. Page 33, comment la mise en scène de Dario Fo exprime-t-elle la vivacité des dernières scènes de la pièce ?

À VOS PLUMES !

23. Sganarelle joue deux personnages à la fois : un médecin et son frère. À votre tour, imaginez une scène de théâtre au cours de laquelle un enfant, pour dissimuler une de ses bêtises, est amené à jouer lui aussi deux personnages.

L'Amour médecin

Molière

**Sganarelle et les médecins, gravure de Sauvé,
d'après Brissart, pour l'édition de 1682
(bibliothèque de la Comédie-Française).**

AU LECTEUR

Ce n'est ici qu'un simple crayon[1], un petit impromptu[2] dont le Roi a voulu se faire un divertissement. Il est le plus précipité[3] de tous ceux que Sa Majesté m'ait commandés, et, lorsque je dirai qu'il a été proposé, fait, appris, et représenté en cinq jours, je ne dirai que ce qui est vrai. Il n'est pas nécessaire de vous avertir qu'il y a beaucoup de choses qui dépendent de l'action : on sait bien que les comédies ne sont faites que pour être jouées, et je ne conseille de lire celle-ci qu'aux personnes qui ont des yeux pour découvrir dans la lecture tout le jeu du théâtre ; ce que je vous dirai, c'est qu'il serait à souhaiter que ces sortes d'ouvrages pussent toujours se montrer à vous avec les ornements[4] qui les accompagnent chez le Roi. Vous les verriez dans un état beaucoup plus supportable, et les airs et les symphonies de l'incomparable Lulli[5], mêlés à la beauté des voix et à l'adresse des danseurs, leur donnent, sans doute, des grâces dont ils ont toutes les peines du monde à se passer.

notes

1. **crayon :** esquisse.
2. **impromptu :** courte pièce légère.
3. **précipité :** rapidement composé.
4. **ornements :** effets de la mise en scène.
5. **Lulli (ou Lully) :** violoniste et compositeur (1632-1687) d'origine italienne, très apprécié par Louis XIV.

LES PERSONNAGES
SGANARELLE, PÈRE DE LUCINDE.
AMINTE.
LUCRÈCE.
M. GUILLAUME, VENDEUR DE TAPISSERIES.
M. JOSSE, ORFÈVRE.
LUCINDE, FILLE DE SGANARELLE.
LISETTE, SUIVANTE DE LUCINDE.
M. TOMÈS, MÉDECIN.
M. DES FONANDRÈS, MÉDECIN.
M. MACROTON, MÉDECIN.
M. BAHYS, MÉDECIN.
M. FILERIN, MÉDECIN.
CLITANDRE, AMANT[1] DE LUCINDE.
UN NOTAIRE.
L'OPÉRATEUR.
PLUSIEURS TRIVELINS ET SCARAMOUCHES.
LA COMÉDIE.
LA MUSIQUE.
LE BALLET.

La scène est à Paris, dans une salle de la maison de Sganarelle.

note

1. amant : amoureux.

PROLOGUE

La Comédie, La Musique et Le Ballet

LA COMÉDIE

Quittons, quittons notre vaine querelle,
Ne nous disputons point nos talents tour à tour.
Et d'une gloire plus belle,
Piquons-nous[1] en ce jour.
Unissons-nous tous trois d'une ardeur sans seconde,
Pour donner du plaisir au plus grand roi du monde.

TOUS TROIS
Unissons-nous...

LA COMÉDIE

De ses travaux, plus grands qu'on ne peut croire,
Il se vient quelquefois délasser[2] parmi nous.
Est-il de plus grande gloire
Est-il bonheur plus doux ?
Unissons-nous tous trois...

TOUS TROIS
Unissons-nous...

---

notes

1. Piquons-nous : mettons-nous en avant.

2. délasser : détendre, reposer.

Tiberio Fiorilli, dans le rôle de Scaramouche.

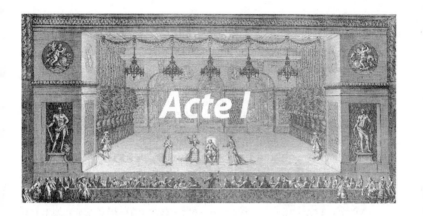

Acte I

Scène première

SGANARELLE, AMINTE, LUCRÈCE, M. GUILLAUME, M. JOSSE.

SGANARELLE – Ah, l'étrange chose que la vie ! et que je puis bien dire avec ce grand philosophe de l'antiquité, que *qui terre a, guerre a*[1], et qu'un malheur ne vient jamais sans l'autre. Je n'avais qu'une seule femme qui est morte.

5   M. GUILLAUME – Et combien donc en voulez-vous avoir ?

SGANARELLE – Elle est morte, Monsieur mon ami, cette perte m'est très sensible[2], et je ne puis m'en ressouvenir sans pleurer. Je n'étais pas fort satisfait de sa conduite, et nous avions le plus souvent dispute ensemble ; mais enfin, la mort rajuste[3] toutes

10 choses. Elle est morte : je la pleure. Si elle était en vie, nous nous querellerions. De tous les enfants que le Ciel m'avait donnés, il ne m'a laissé qu'une fille, et cette fille est toute

notes

1. C'est un proverbe popu-laire et non une citation d'un philosophe de l'Antiquité.
2. sensible : douloureuse.
3. rajuste : met à sa juste place.

ma peine. Car enfin, je la vois dans une mélancolie[1] la plus
sombre du monde, dans une tristesse épouvantable, dont il n'y
a pas moyen de la retirer ; et dont je ne saurais même
apprendre la cause. Pour moi j'en perds l'esprit, et j'aurais
besoin d'un bon conseil sur cette matière. Vous êtes
ma nièce ; vous, ma voisine ; et vous, mes compères[2] et mes
amis : je vous prie de me conseiller tout ce que je dois faire.

M. JOSSE – Pour moi, je tiens que la braverie[3] et l'ajustement[4]
est la chose qui réjouit le plus les filles ; et si j'étais que de vous,
je lui achèterais dès aujourd'hui une belle garniture[5]
de diamants, ou de rubis, ou d'émeraudes.

M. GUILLAUME – Et moi, si j'étais en votre place, j'achèterais
une belle tenture de tapisserie de verdure, ou à personnages[6],
que je ferais mettre à sa chambre, pour lui réjouir l'esprit
et la vue.

AMINTE – Pour moi, je ne ferais point tant de façon[7],
et je la marierais fort bien, et le plus tôt que je pourrais, avec
cette personne qui vous la fit, dit-on, demander, il y a quelque
temps.

LUCRÈCE – Et moi, je tiens que votre fille n'est point du tout
propre pour le mariage[8]. Elle est d'une complexion[9] trop
délicate et trop peu saine, et c'est la vouloir envoyer bientôt
en l'autre monde[10], que de l'exposer comme elle est[11] à faire
des enfants. Le monde[12] n'est point du tout son fait, et je vous

notes

1. mélancolie : grande tristesse, expliquée au XVIIe siècle par la « bile noire ».
2. compères : compagnons.
3. braverie : coquetterie.
4. ajustement : habits.
5. garniture : collier consistant en un ruban orné de

perles ou de pierreries.
6. Les grandes tapisseries avec des motifs champêtres et des personnages sont à la mode au XVIIe siècle.
7. je ne ferais point tant de façon : je ne compliquerais pas les choses.
8. propre pour le mariage :

faite pour être mariée.
9. complexion : nature, santé.
10. envoyer en l'autre monde : la tuer.
11. comme elle est : avec la santé qu'elle a.
12. monde : vie en société.

conseille de la mettre dans un couvent, où elle trouvera des divertissements qui seront mieux de son humeur.

SGANARELLE – Tous ces conseils sont admirables assurément[1] : mais je les tiens un peu intéressés, et trouve que vous me conseillez fort bien pour vous[2]. Vous êtes orfèvre, Monsieur Josse, et votre conseil sent son homme qui a envie de se défaire de sa marchandise. Vous vendez des tapisseries, Monsieur Guillaume, et vous avez la mine d'avoir quelque tenture qui vous incommode. Celui que vous aimez, ma voisine, a, dit-on, quelque inclination[3] pour ma fille, et vous ne seriez pas fâchée de la voir la femme d'un autre. Et quant à vous, ma chère nièce, ce n'est pas mon dessein[4], comme on sait, de marier ma fille avec qui que ce soit, et j'ai mes raisons pour cela ; mais le conseil que vous me donnez de la faire religieuse, est d'une femme qui pourrait bien souhaiter charitablement[5] d'être mon héritière universelle[6]. Ainsi, Messieurs et Mesdames, quoique tous vos conseils soient les meilleurs du monde, vous trouverez bon, s'il vous plaît, que je n'en suive aucun. Voilà de[7] mes donneurs de conseils à la mode.

Scène 2

LUCINDE, SGANARELLE.

SGANARELLE – Ah, voilà ma fille qui prend l'air. Elle ne me voit pas. Elle soupire. Elle lève les yeux au ciel. Dieu vous garde ! Bonjour ma mie. Hé bien, qu'est-ce ? Comme vous en va ? Hé quoi ! toujours triste et mélancolique comme cela,

notes

1. assurément : certainement.
2. pour vous : dans votre intérêt.
3. inclination : penchant,

goût, sentiment amoureux.
4. dessein : projet, intention.
5. charitablement : généreusement (ironique ici).

6. héritière universelle : celle qui hérite de tous les biens d'une personne.
7. Voilà de : voilà pour.

et tu ne veux pas me dire ce que tu as. Allons donc,
découvre-moi ton petit cœur, là ma pauvre mie, dis, dis ; dis
tes petites pensées à ton petit papa mignon. Courage. Veux-tu
que je te baise[1] ? Viens. J'enrage de la voir de cette humeur-là.
65 Mais, dis-moi, me veux-tu faire mourir de déplaisir,
et ne puis-je savoir d'où vient cette grande langueur[2] ?
Découvre-m'en la cause, et je te promets que je ferai toutes
choses pour toi. Oui, tu n'as qu'à me dire le sujet de ta tristesse, je t'assure ici, et te fais serment, qu'il n'y a rien que
70 je ne fasse pour te satisfaire. C'est tout dire : est-ce que
tu es jalouse de quelqu'une de tes compagnes, que tu voies
plus brave[3] que toi ? et serait-il quelque étoffe nouvelle dont
tu voulusses avoir un habit ? Non. Est-ce que ta chambre
ne te semble pas assez parée[4], et que tu souhaiterais quelque
75 cabinet[5] de la foire Saint-Laurent[6] ? Ce n'est pas cela.
Aurais-tu envie d'apprendre quelque chose ? et veux-tu que
je te donne un maître pour te montrer à jouer du clavecin ?
Nenni[7]. Aimerais-tu quelqu'un, et souhaiterais-tu d'être
mariée ?

80   *Lucinde lui fait signe que c'est cela.*

Scène 3

LISETTE, SGANARELLE, LUCINDE.

LISETTE – Hé bien, Monsieur, vous venez d'entretenir[8] votre
fille. Avez-vous su la cause de sa mélancolie ?

SGANARELLE – Non, c'est une coquine qui me fait enrager.

notes

1. *baise :* embrasse.
2. *langueur :* tristesse.
3. *plus brave :* mieux habillée.
4. *parée :* décorée.
5. *cabinet :* petit meuble à tiroirs.
6. *foire Saint-Laurent :* une foire qui connaissait à Paris un grand succès.
7. *Nenni :* Non.
8. *entretenir :* avoir une conversation avec.

LISETTE – Monsieur, laissez-moi faire, je m'en vais la sonder
85 un peu.

SGANARELLE – Il n'est pas nécessaire, et puisqu'elle veut être
de cette humeur, je suis d'avis qu'on l'y laisse.

LISETTE – Laissez-moi faire, vous dis-je, peut-être qu'elle
se découvrira plus librement à moi qu'à vous. Quoi,
90 Madame[1], vous ne nous direz point ce que vous avez, et vous
voulez affliger[2] ainsi tout le monde ? Il me semble qu'on n'agit
point comme vous faites, et que si vous avez quelque répugnance[3] à vous expliquer à un père, vous n'en devez avoir
aucune à me découvrir votre cœur. Dites-moi, souhaitez-
95 vous quelque chose de lui ? Il nous a dit plus d'une fois qu'il
n'épargnerait rien pour vous contenter. Est-ce qu'il ne vous
donne pas toute la liberté que vous souhaiteriez, et les prome-
nades et les cadeaux ne tenteraient-ils point votre âme ? Heu.
Avez-vous reçu quelque déplaisir de quelqu'un ? Heu.
100 N'auriez-vous point quelque secrète inclination[4], avec qui
vous souhaiteriez que votre père vous mariât ? Ah, je vous
entends[5]. Voilà l'affaire. Que diable ? Pourquoi tant
de façons ? Monsieur, le mystère est découvert ; et...

SGANARELLE, *l'interrompant* – Va, fille ingrate[6], je ne te veux plus
105 parler, et je te laisse dans ton obstination.

LUCINDE – Mon père, puisque vous voulez que je vous dise
la chose...

SGANARELLE – Oui, je perds toute l'amitié[7] que j'avais pour toi.

LISETTE – Monsieur, sa tristesse...

notes

1. **Madame :** titre honori-fique donné aux femmes de rang élevé.
2. **affliger :** attrister.

3. **si vous avez quelque répugnance :** s'il vous est difficile.
4. **inclination :** ici, personne aimée.

5. **entends :** comprends.
6. **ingrate :** qui ne se montre pas reconnaissante.
7. **amitié :** affection.

110   SGANARELLE – C'est une coquine qui me veut faire mourir.

LUCINDE – Mon père, je veux bien...

SGANARELLE – Ce n'est pas la récompense de t'avoir élevée comme j'ai fait.

LISETTE – Mais, Monsieur...

115   SGANARELLE – Non, je suis contre elle, dans une colère épouvantable.

LUCINDE – Mais, mon père...

SGANARELLE – Je n'ai plus aucune tendresse pour toi.

LISETTE – Mais...

120   SGANARELLE – C'est une friponne.

LUCINDE – Mais...

SGANARELLE – Une ingrate.

LISETTE – Mais...

SGANARELLE – Une coquine, qui ne me veut pas dire
125   ce qu'elle a.

LISETTE – C'est un mari qu'elle veut.

SGANARELLE, *faisant semblant de ne pas entendre* – Je l'abandonne.

LISETTE – Un mari.

SGANARELLE – Je la déteste.

130   LISETTE – Un mari.

SGANARELLE – Et la renonce[1] pour ma fille.

LISETTE – Un mari.

SGANARELLE – Non, ne m'en parlez point.

note

1. *renonce :* renie.

LISETTE – Un mari.

135 SGANARELLE – Ne m'en parlez point.

LISETTE – Un mari.

SGANARELLE – Ne m'en parlez point.

LISETTE – Un mari, un mari, un mari.

Scène 4

LISETTE, LUCINDE.

LISETTE – On dit bien vrai : qu'il n'y a point de pires sourds, que
140 ceux qui ne veulent pas entendre.

LUCINDE – Hé bien, Lisette, j'avais tort de cacher mon déplaisir,
et je n'avais qu'à parler, pour avoir tout ce que je souhaitais
de mon père : tu le vois.

LISETTE – Par ma foi, voilà un vilain homme, et je vous avoue
145 que j'aurais un plaisir extrême à lui jouer quelque tour. Mais
d'où vient donc, Madame, que jusqu'ici vous m'avez caché
votre mal ?

LUCINDE – Hélas, de quoi m'aurait servi de te le découvrir plus
tôt ? et n'aurais-je pas autant gagné à le tenir caché toute
150 ma vie ? Crois-tu que je n'aie pas bien prévu tout ce que
tu vois maintenant, que je ne susse pas à fond tous les
sentiments de mon père, et que le refus qu'il a fait porter
à celui qui m'a demandée par un ami n'ait pas étouffé dans
mon âme toute sorte d'espoir ?

155 LISETTE – Quoi, c'est cet inconnu qui vous a fait demander,
pour qui vous...

LUCINDE – Peut-être n'est-il pas honnête[1] à une fille de s'expliquer si librement[2] ; mais enfin, je t'avoue que s'il m'était permis de vouloir quelque chose, ce serait lui que je voudrais. Nous n'avons eu ensemble aucune conversation, et sa bouche ne m'a point déclaré la passion qu'il a pour moi : mais dans tous les lieux où il m'a pu voir, ses regards et ses actions m'ont toujours parlé si tendrement, et la demande qu'il a fait faire de moi m'a paru d'un si honnête homme, que mon cœur n'a pu s'empêcher d'être sensible à ses ardeurs[3] ; et cependant tu vois où la dureté de mon père réduit toute cette tendresse.

LISETTE – Allez, laissez-moi faire. Quelque sujet que j'aie de me plaindre de vous du secret que vous m'avez fait[4], je ne veux pas laisser[5] de servir votre amour ; et pourvu que vous ayez assez de résolution...

LUCINDE – Mais que veux-tu que je fasse contre l'autorité d'un père ? Et s'il est inexorable[6] à mes vœux...

LISETTE – Allez, allez, il ne faut pas se laisser mener comme un oison[7] ; et pourvu que l'honneur n'y soit pas offensé[8], on peut se libérer un peu de la tyrannie d'un père. Que prétend-il que vous fassiez ? N'êtes-vous pas en âge d'être mariée ? et croit-il que vous soyez de marbre[9] ? Allez, encore un coup, je veux servir votre passion, je prends dès à présent sur moi tout le soin de ses intérêts, et vous verrez que je sais des détours[10]... Mais je vois votre père. Rentrons, et me laissez agir.

---

notes

1. **honnête :** convenable.
2. **librement :** franchement.
3. **ses ardeurs :** sa passion.
4. **Quelque [...] fait :** bien que j'aie des raisons de me plaindre du fait que vous ne m'avez pas confié ce secret plus tôt.
5. **laisser :** manquer.
6. **inexorable :** intransigeant.
7. **oison :** jeune oiseau.
8. **que l'honneur n'y soit pas offensé :** que vous ne fassiez rien de déshonorant.
9. **de marbre :** insensible.
10. **détours :** ruses.

Scène 5

SGANARELLE

SGANARELLE – Il est bon quelquefois de ne point faire semblant d'entendre les choses qu'on n'entend que trop bien : et j'ai fait sagement de parer[1] la déclaration d'un désir que je ne suis pas résolu de contenter. A-t-on jamais rien vu de plus tyrannique que cette coutume où l'on veut assujettir[2] les pères ? Rien de plus impertinent[3], et de plus ridicule, que d'amasser du bien[4] avec de grands travaux[5], et élever une fille avec beaucoup de soin et de tendresse, pour se dépouiller de l'un et de l'autre entre les mains d'un homme qui ne nous touche de rien[6] ? Non, non, je me moque de cet usage[7], et je veux garder mon bien et ma fille pour moi.

Scène 6

LISETTE, SGANARELLE.

LISETTE, *faisant semblant de ne pas voir Sganarelle.* – Ah, malheur ! Ah, disgrâce[8] ! Ah, pauvre seigneur Sganarelle ! Où pourrai-je te rencontrer ?

SGANARELLE – Que dit-elle là ?

LISETTE – Ah, misérable père ! que feras-tu, quand tu sauras cette nouvelle ?

SGANARELLE – Que sera-ce ?

LISETTE – Ma pauvre maîtresse !

SGANARELLE – Je suis perdu.

notes

1. *parer :* empêcher.
2. *assujettir :* obliger.
3. *impertinent :* dépourvu de sens.
4. *du bien :* de la fortune.
5. *travaux :* entreprises.
6. *qui ne nous touche de rien :* qui n'est rien pour nous.
7. *usage :* coutume.
8. *disgrâce :* malheur.

LISETTE – Ah !

SGANARELLE – Lisette.

LISETTE – Quelle infortune[1] !

205   SGANARELLE – Lisette.

LISETTE – Quel accident !

SGANARELLE – Lisette.

LISETTE – Quelle fatalité !

SGANARELLE – Lisette.

210   LISETTE – Ah, Monsieur !

SGANARELLE – Qu'est-ce ?

LISETTE – Monsieur.

SGANARELLE – Qu'y a-t-il ?

LISETTE – Votre fille.

215   SGANARELLE – Ah, ah !

LISETTE – Monsieur, ne pleurez donc point comme cela ; car vous me feriez rire.

SGANARELLE – Dis donc vite.

LISETTE – Votre fille, toute saisie[2] des paroles que vous lui avez
220   dites, et de la colère effroyable où elle vous a vu contre elle, est montée vite dans sa chambre, et pleine de désespoir, a ouvert la fenêtre qui regarde sur la rivière.

SGANARELLE – Hé bien ?

LISETTE – Alors, levant les yeux au ciel : « Non, a-t-elle dit,
225   il m'est impossible de vivre avec le courroux[3] de mon père : et puisqu'il me renonce pour sa fille, je veux mourir. »

notes

1. **infortune :** malheur,
mauvais coup du destin.
2. **saisie de :** bouleversée par.
3. **courroux :** colère.

SGANARELLE – Elle s'est jetée ?

LISETTE – Non, Monsieur, elle a fermé tout doucement la fenêtre, et s'est allée mettre sur le lit. Là elle s'est prise
230 à pleurer amèrement : et tout d'un coup son visage a pâli, ses yeux se sont tournés[1], le cœur lui a manqué[2], et elle m'est demeurée[3] entre mes bras.

SGANARELLE – Ah, ma fille !

LISETTE – À force de la tourmenter[4], je l'ai fait revenir[5]: mais
235 cela lui reprend de moment en moment[6], et je crois qu'elle ne passera pas la journée[7].

SGANARELLE – Champagne ! Champagne ! Champagne ! vite, qu'on m'aille quérir[8] des médecins, et en quantité, on n'en peut trop avoir dans une pareille aventure. Ah, ma fille !
240 ma pauvre fille !

1ᵉʳ Entracte

Champagne, en dansant, frappe aux portes de quatre médecins, qui dansent, et entrent avec cérémonie, chez le père de la malade.

notes

1. ses yeux se sont tournés : son regard est devenu vague.
2. le cœur lui a manqué : elle a perdu connaissance.
3. m'est demeurée : restée

évanouie.
4. tourmenter : torturer.
5. revenir : revenir à elle.
6. de moment en moment : de temps en temps.

7. elle ne passera pas la journée : elle mourra avant la fin de la journée.
8. quérir : chercher.

Au fil du texte

AVEZ-VOUS BIEN LU ?

1. Parmi ces propositions, lesquelles sont justes ?

a) Lucinde est la fille de Sganarelle.

b) Lisette est la sœur de Lucinde.

c) Sganarelle veut donner sa fille en mariage à M. Guillaume.

d) Lucrèce conseille à Sganarelle de mettre sa fille dans un couvent.

e) Lisette imagine une ruse pour favoriser les amours de Lucinde.

f) À la fin de l'acte I, Sganarelle croit sa fille gravement malade.

2. Quels conseils M. Guillaume, M. Josse et Aminte donnent-ils à Sganarelle quant à sa fille ? Pourquoi agissent-ils ainsi, selon Sganarelle ?

3. Pourquoi Lucinde est-elle mélancolique ?

4. Pourquoi Sganarelle ne veut-il pas que sa fille épouse le jeune homme qu'elle aime ?

ÉTUDIER LA PRÉFACE ET LE PROLOGUE

5. Quelle fonction Molière donne-t-il à sa pièce ? À qui est-elle destinée ? Vous citerez la préface et le prologue.

6. Avec qui Molière s'associe-t-il pour créer sa pièce ?

7. Quelle conception du théâtre se dégage de ces premières pages ?

ÉTUDIER L'EXPOSITION DE LA PIÈCE : LES SCÈNES 1 À 3

8. À quoi voit-on que Sganarelle est, des cinq personnages présents sur scène au lever de rideau, le plus important ?

9. Quelle information la première scène nous donne-t-elle quant à l'intrigue ?

10. Qu'apprend-on au sujet de Sganarelle dans la scène 1 ?

11. Quelles informations nouvelles la scène 2 apporte-t-elle ?

12. Comment la scène III explicite*-t-elle les informations données dans la scène 2 ?

ÉTUDIER LA MISE EN PLACE DU STRATAGÈME

13. Dans quelle réplique de la scène 4 Lucinde avoue-t-elle son amour pour l'« *inconnu* » ? Relevez le champ lexical* de l'amour dans cette réplique, ainsi que les procédés* qui l'expriment.

14. Scène 4, relevez deux interrogations rhétoriques* dans les répliques de Lucinde. Qu'expriment-elles ?

15. À quoi voit-on que Lucinde est incapable de résoudre seule son problème ?

16. Comment, dans la scène 5, Sganarelle justifie-t-il son refus quant au mariage de Lucinde ?

explicite : rend clair, évident.
champ lexical : ensemble des mots ou expressions se rapportant à une même notion.
procédés : constructions grammaticales ou figures de style.
interrogations rhétoriques : questions qui n'attendent pas de réponse.

17. Qui Lisette sert-elle au début de la scène 3 ? Au service de qui est-elle à la fin de l'acte I ? Comment expliquez-vous ce changement ?

18. Quelle est la première étape du stratagème que Lisette met en place pour tromper Sganarelle ?

ÉTUDIER LE COMIQUE

19. Dans la scène 6, comment et pourquoi Lisette crée-t-elle un effet d'attente chez Sganarelle, lorsqu'elle raconte ce qui vient de se passer (lignes 219 à 236 : « *Votre fille toute saisie* [...] *la journée* ») ?

20. Dans l'acte I, quels passages vous semblent comiques ? Pourquoi ?

21. Imaginez un jeu de scène★ pouvant accompagner une des scènes. Ajoutez les didascalies★ qui le précisent.

jeu de scène : moment comique reposant sur les déplacements ou les gestes des personnages.

didascalies : indications en italique destinées à préciser la mise en scène ou le jeu des comédiens.

COMPARER *L'AMOUR MÉDECIN* ET *LE MÉDECIN VOLANT*

22. À quels personnages du *Médecin volant* correspondent Sganarelle, Lucinde et Lisette ? Justifiez votre réponse.

23. Quels points communs voyez-vous dans les deux intrigues, qu'il s'agisse du problème posé comme du moyen de le résoudre ?

24. Pourquoi les pères des deux pièces refusent-ils le mariage désiré par leur fille ?

À VOS PLUMES !

25. À la manière du récit de Lisette dans la scène 6, écrivez une courte histoire qui racontera de façon comique un événement dramatique en en exagérant les rebondissements. Votre récit sera au passé.

26. Composez une scène de théâtre comique au cours de laquelle un personnage témoin de l'événement dramatique imaginé dans le sujet 25 le racontera à un de ses amis.

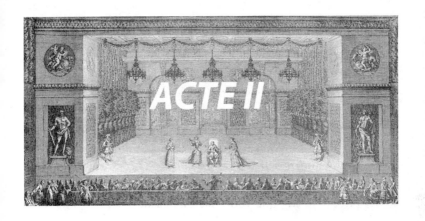

ACTE II

Scène première

SGANARELLE, LISETTE.

LISETTE – Que voulez-vous donc faire, Monsieur, de quatre médecins ? N'est-ce pas assez d'un pour tuer une personne ?

SGANARELLE – Taisez-vous. Quatre conseils valent mieux qu'un.

5   LISETTE – Est-ce que votre fille ne peut pas bien mourir, sans le secours de ces messieurs-là ?

SGANARELLE – Est-ce que les médecins font mourir ?

LISETTE – Sans doute ; et j'ai connu un homme qui prouvait, par bonnes raisons, qu'il ne faut jamais dire : « Une telle
10   personne est morte d'une fièvre et d'une fluxion sur la poitrine[1] » ; mais : « Elle est morte de quatre médecins, et de deux apothicaires[2]. »

notes

1. *fluxion sur la poitrine :*
pneumonie.

2. *apothicaires :*
pharmaciens.

SGANARELLE – Chut ! n'offensez pas ces messieurs-là.

15 LISETTE – Ma foi, Monsieur, notre chat est réchappé depuis peu, d'un saut qu'il fit du haut de la maison dans la rue, et il fut trois jours sans manger, et sans pouvoir remuer ni pied ni patte ; mais il est bien heureux de ce qu'il n'y a point de chats médecins, car ses affaires étaient faites[1], et ils n'auraient pas manqué de le purger et de le saigner[2].

20 SGANARELLE – Voulez-vous vous taire ? vous dis-je. Mais voyez quelle impertinence[3] ! Les voici.

LISETTE – Prenez garde, vous allez être bien édifié[4] : ils vous diront en latin que votre fille est malade.

Scène 2

MESSIEURS TOMÈS, DES FONANDRÈS, MACROTON ET BAHYS, MÉDECINS, SGANARELLE, LISETTE.

SGANARELLE – Hé bien, Messieurs.

25 M. TOMÈS – Nous avons vu suffisamment la malade, et sans doute qu'il y a beaucoup d'impuretés en elle.

SGANARELLE – Ma fille est impure ?

M. TOMÈS – Je veux dire qu'il y a beaucoup d'impuretés dans son corps, quantité d'humeurs corrompues[5].

30 SGANARELLE – Ah, je vous entends.

M. TOMÈS – Mais... Nous allons consulter ensemble.

---

notes

1. ses affaires étaient faites : il était mort.
2. Deux pratiques courantes à l'époque pour débarrasser le corps des mauvaises humeurs.

3. impertinence : insolence.
4. édifié : instruit.
5. humeurs corrompues : humeurs impures ; selon les médecins de l'époque,

la santé repose sur la pureté et l'équilibre de quatre humeurs : le sang, le flegme, la bile noire et la bile jaune.

**Mise en scène de *L'Amour médecin* à la Comédie-Française,
avec MM. Dubosc et Weber.**

SGANARELLE – Allons, faites donner des sièges.

LISETTE, *à M. Tomès.* – Ah, Monsieur, vous en êtes ?

SGANARELLE – De quoi donc connaissez-vous Monsieur ?[1]

35 LISETTE – De l'avoir vu l'autre jour chez la bonne amie de madame votre nièce.

M. TOMÈS – Comment se porte son cocher ?

LISETTE – Fort bien, il est mort.

M. TOMÈS – Mort !

40 LISETTE – Oui.

M. TOMÈS – Cela ne se peut.

LISETTE – Je ne sais si cela se peut, mais je sais bien que cela est.

M. TOMÈS – Il ne peut pas être mort, vous dis-je.

LISETTE – Et moi je vous dis qu'il est mort, et enterré.

45 M. TOMÈS – Vous vous trompez.

LISETTE – Je l'ai vu.

M. TOMÈS – Cela est impossible. Hippocrate[2] dit, que ces sortes de maladies ne se terminent qu'au quatorze, ou au vingt-un, et il n'y a que six jours qu'il est tombé malade.

50 LISETTE – Hippocrate dira ce qu'il lui plaira ; mais le cocher est mort.

SGANARELLE – Paix, discoureuse[3] ; allons, sortons d'ici. Messieurs, je vous supplie de consulter de la bonne manière. Quoique ce ne soit pas la coutume de payer auparavant;

notes

1. De quoi donc connaissez-vous Monsieur ? : Comment cela se fait-il que vous connaissiez Monsieur ?

2. Hippocrate : médecin grec (v. 460 av. J.-C. - v. 370 av. J.-C.), considéré comme le fondateur de la médecine.
3. discoureuse : raisonneuse.

55 toutefois, de peur que je l'oublie, et afin que ce soit une affaire faite, voici...

Il les paye, et chacun en recevant l'argent, fait un geste différent.

Scène 3

Messieurs Des Fonandrès, Tomès, Macroton et Bahys.

Ils s'asseyent et toussent.

M. Des Fonandrès – Paris est étrangement grand, et il faut
60 faire de longs trajets, quand la pratique[1] donne un peu.

M. Tomès – Il faut avouer que j'ai une mule admirable pour cela, et qu'on a peine à croire le chemin que je lui fais faire tous les jours.

M. Des Fonandrès – J'ai un cheval[2] merveilleux, et c'est
65 un animal infatigable.

M. Tomès – Savez-vous le chemin que ma mule a fait aujourd'hui ? J'ai été premièrement tout contre l'Arsenal, de l'Arsenal au bout du faubourg Saint-Germain, du faubourg Saint-Germain au fond du Marais, du fond du Marais
70 à la porte Saint-Honoré, de la porte Saint-Honoré au faubourg Saint-Jacques, du faubourg Saint-Jacques à la porte de Richelieu, de la porte de Richelieu[3] ici, et d'ici, je dois aller encore à la place Royale.

M. Des Fonandrès – Mon cheval a fait tout cela aujourd'hui,
75 et de plus j'ai été à Rueil[4] voir un malade.

notes

1. pratique : clientèle.
2. Le médecin innove en utilisant un cheval, car, traditionnellement, le médecin rend visite à ses malades monté sur une mule. Le cheval est un animal qui vaut plus cher que la mule.
3. Quartiers de Paris.
4. Rueil : Rueil-Malmaison, ville proche de Paris.

M. Tomès – Mais à propos, quel parti prenez-vous dans la querelle des deux médecins, Théophraste et Artémius[1] ? car c'est une affaire qui partage tout notre corps[2].

M. Des Fonandrès – Moi, je suis pour Artémius.

80 M. Tomès – Et moi aussi. Ce n'est pas que son avis, comme on a vu, n'ait tué le malade, et que celui de Théophraste ne fût beaucoup meilleur assurément ; mais enfin, il a tort dans les circonstances[3], et il ne devait pas être d'un autre avis que son ancien[4]. Qu'en dites-vous ?

85 M. Des Fonandrès – Sans doute. Il faut toujours garder les formalités[5], quoi qu'il puisse arriver.

M. Tomès – Pour moi j'y suis sévère en diable, à moins que ce soit entre amis ; et l'on nous assembla un jour, trois de nous autres, avec un médecin de dehors, pour une consultation, 90 où j'arrêtai toute l'affaire, et ne voulus point endurer[6] qu'on opinât[7], si les choses n'allaient dans l'ordre. Les gens de la maison faisaient ce qu'ils pouvaient, et la maladie pressait ; mais je n'en voulus point démordre[8], et la malade mourut bravement pendant cette contestation.

95 M. Des Fonandrès – C'est fort bien fait d'apprendre aux gens à vivre, et de leur montrer leur bec jaune[9].

notes

1. **Théophraste et Artémius :** noms inventés par Molière.
2. **corps :** corps médical, ensemble des médecins.
3. **circonstances :** détails.
4. **ancien :** personne plus âgée.

5. **formalités :** respect de la forme, des règles, des apparences.
6. **endurer :** supporter.
7. **opinât :** décidât (imparfait du subjonctif).

8. **je n'en voulus point démordre :** je ne voulus point changer d'avis.
9. **leur bec jaune :** leur inexpérience (le bec des jeunes oiseaux est jaune).

M. Tomès – Un homme mort, n'est qu'un homme mort, et ne fait point de conséquence[1] ; mais une formalité négligée porte un notable préjudice[2] à tout le corps des médecins.

Scène 4

SGANARELLE, MESSIEURS TOMÈS, DES FONANDRÈS, MACROTON ET BAHYS.

100   SGANARELLE – Messieurs, l'oppression de ma fille augmente : je vous prie de me dire vite ce que vous avez résolu[3].

M. Tomès – Allons, Monsieur.

M. Des Fonandrès – Non, Monsieur, parlez, s'il vous plaît.

M. Tomès – Vous vous moquez.

105   M. Des Fonandrès – Je ne parlerai pas le premier.

M. Tomès – Monsieur.

M. Des Fonandrès – Monsieur.

SGANARELLE – Hé, de grâce, Messieurs, laissez toutes ces cérémonies, et songez que les choses pressent.

110   *Ils parlent tous quatre ensemble.*

M. Tomès – La maladie de votre fille...

M. Des Fonandrès – L'avis de tous ces messieurs tous ensemble...

M. Macroton – Après avoir bien consulté...

115   M. Bahys – Pour raisonner...

SGANARELLE – Hé, Messieurs, parlez l'un après l'autre, de grâce.

---

notes

1. *ne fait point de conséquence :* ne nous attire pas d'ennuis. 2. *porte un notable préjudice :* nuit grandement. 3. *résolu :* décidé.

M. TOMÈS – Monsieur, nous avons raisonné sur la maladie de votre fille, et mon avis, à moi, est que cela procède d'une grande chaleur de sang ; ainsi je conclus à la saigner le plus tôt que vous pourrez.

120

M. DES FONANDRÈS – Et moi, je dis que sa maladie est une pourriture d'humeurs, causée par une trop grande réplétion[1] : ainsi je conclus à lui donner de l'émétique[2].

M. TOMÈS – Je soutiens que l'émétique la tuera.

125 M. DES FONANDRÈS – Et moi, que la saignée la fera mourir.

M. TOMÈS – C'est bien à vous de faire l'habile homme.

M. DES FONANDRÈS – Oui, c'est à moi ; et je vous prêterai le collet en tout genre d'érudition[3].

M. TOMÈS – Souvenez-vous de l'homme que vous fîtes crever[4] ces jours passés.

130

M. DES FONANDRÈS – Souvenez-vous de la dame que vous avez envoyée en l'autre monde, il y a trois jours.

M. TOMÈS – Je vous ai dit mon avis.

M. DES FONANDRÈS – Je vous ai dit ma pensée.

135 M. TOMÈS – Si vous ne faites saigner tout à l'heure votre fille, c'est une personne morte.

Il sort.

M. DES FONANDRÈS – Si vous la faites saigner, elle ne sera pas en vie dans un quart d'heure.

140

Il sort.

---

notes

1. réplétion : mauvais état de santé dû à un excès de nourriture.
2. émétique : médicament vomitif.
3. je vous prêterai le collet en tout genre d'érudition : je serai prêt à me battre à qui est le plus érudit (savant) dans n'importe quel domaine.
4. crever : mourir.

Scène 5

SGANARELLE, MESSIEURS MACROTON ET BAHYS, MÉDECINS.

SGANARELLE – À qui croire des deux ? et quelle résolution prendre sur des avis si opposés ? Messieurs, je vous conjure de déterminer[1] mon esprit, et de me dire, sans passion, ce que vous croyez le plus propre à soulager ma fille.

145   M. MACROTON *Il parle en allongeant ses mots.* – Mon-si-eur, dans ces ma-ti-è-res-là, il faut pro-cé-der a-vec-que cir-cons-pec-ti-on[2], et ne ri-en fai-re, com-me on dit, à la vo-lée[3], d'au-tant que les fau-tes qu'on y peut fai-re sont, se-lon no-tre maî-tre Hip-po-cra-te, d'une dan-ge-reu-se con-sé-quen-ce.

150   M. BAHYS *Celui-ci parle toujours en bredouillant.* – Il est vrai. Il faut bien prendre garde à ce qu'on fait. Car ce ne sont pas ici des jeux d'enfant ; et quand on a failli[4], il n'est pas aisé de réparer le manquement[5], et de rétablir ce qu'on a gâté. *Experimentum periculosum*[6]. C'est pourquoi il s'agit de raisonner auparavant, comme il faut, de peser mûrement les choses, de regarder le tempérament des gens, d'examiner les causes de la maladie, et de voir les remèdes qu'on y doit apporter.

SGANARELLE – L'un va en tortue, et l'autre court la poste.

160   M. MACROTON – Or, Mon-si-eur, pour ve-nir au fait, je trou-ve que vo-tre fil-le a une ma-la-die chro-ni-que[7], et qu'el-le peut pé-ri-cli-ter[8] si on ne lui don-ne du se-cours, d'au-tant que les symp-tô-mes qu'el-le a sont in-di-ca-tifs d'u-ne va-peur fu-li-gi-neu-se[9] et mor-di-can-te[10] qui lui pi-co-te les mem-bra-nes du cer-veau. Or, cet-te va-peur,

notes

1. **déterminer :** éclairer.
2. **circonspection :** prudence.
3. **à la volée :** à la légère.
4. **on a failli :** on a échoué.
5. **manquement :** faute.

6. **Experimentum periculosum :** « L'expérience est risquée » (Hippocrate).
7. **chronique :** qui se prolonge.

8. **elle peut péricliter :** son état de santé peut se détériorer.
9. **fuligineuse :** noirâtre.
10. **mordicante :** âcre.

165 que nous nom-mons en grec *at-mos*[1], est cau-sée par des
hu-meurs pu-tri-des[2] te-na-ces et con-glu-ti-neu-ses[3], qui
sont con-te-nues dans le bas-ven-tre.

M. BAHYS – Et comme ces humeurs ont été là engendrées, par
une longue succession de temps, elles s'y sont recuites et ont
170 acquis cette malignité[4], qui fume vers la région du cerveau.

M. MACROTON – Si bien donc que, pour ti-rer, dé-ta-cher,
ar-ra-cher, ex-pul-ser, é-va-cu-er, les-di-tes hu-meurs,
il fau-dra une pur-ga-ti-on vi-gou-reu-se. Mais, au pré-a-la-
ble, je trou-ve à pro-pos[5], et il n'y a pas d'in-con-vé-ni-ent,
175 d'u-ser de pe-tits re-mè-des a-no-dins[6], c'est-à-di-re de pe-
tits la-ve-ments ré-mol-li-ents[7] et dé-ter-sifs[8] de ju-lets[9]
et de si-rops ra-fraî-chis-sants, qu'on mê-le-ra dans sa ti-
sa-ne.

M. BAHYS – Après, nous en viendrons à la purgation
180 et à la saignée, que nous réitérerons[10] s'il en est besoin.

M. MACROTON – Ce n'est pas qu'a-vec tout ce-la, vo-tre fil-le
ne puis-se mou-rir, mais, au moins, vous au-rez fait quel-que
cho-se et vous au-rez la con-so-la-tion qu'el-le se-ra mor-te
dans les for-mes.

185 M. BAHYS – Il vaut mieux mourir selon les règles, que
de réchapper[11] contre les règles.

M. MACROTON – Nous vous di-sons sin-cè-re-ment no-tre
pen-sée.

---

notes

1. **atmos :** vapeur.
2. **putrides :** en décomposition.
3. **conglutineuses :** visqueuses.
4. **malignité :** toxicité, caractère toxique.
5. **à propos :** convenable.
6. **anodins :** sans importance, légers.
7. **rémollients :** adoucissants.
8. **détersifs :** décapants.
9. **julets :** potions à base d'eau sucrée.
10. **réitérerons :** recommencerons.
11. **réchapper :** échapper à la maladie, survivre.

M. BAHYS – Et nous vous avons parlé, comme nous parlerions
190   à notre propre frère.

SGANARELLE, *à M. Macroton* – Je vous rends très hum-bles
    grâ-ces, *(À M. Bahys.)* et vous suis infiniment obligé
    de la peine que vous avez prise.

Scène 6

SGANARELLE.

SGANARELLE – Me voilà justement un peu plus incertain que
195   je n'étais auparavant. Morbleu, il me vient une fantaisie. Il faut
    que j'aille acheter de l'orviétan[1], et que je lui en fasse prendre.
    L'orviétan est un remède dont beaucoup de gens se sont bien
    trouvés.

Scène 7

L'OPÉRATEUR, SGANARELLE.

SGANARELLE – Holà ! Monsieur, je vous prie de me donner une
200   boîte de votre orviétan, que je m'en vais vous payer.

L'OPÉRATEUR[2] *chantant.*

L'or de tous les climats qu'entoure l'Océan

Peut-il jamais payer ce secret d'importance ?

Mon remède guérit par sa rare excellence,

205   *Plus de maux qu'on n'en peut nombrer dans tout un an :*

La gale,

notes

1. **orviétan :** médicament
prétendument miraculeux,
inventé par un escroc
originaire d'Orvieto en Italie.

2. **Opérateur :** charlatan qui
vend des remèdes miracles
sur la place publique.

Théâtre et boutique de l'orviétan, gravure anonyme.

La rogne,

La tigne[1],

La fièvre,

210   *La peste,*

La goutte[2],

Vérole[3],

Descente[4],

Rougeole.

215   *Ô ! grande puissance de l'orviétan !*

SGANARELLE – Monsieur, je crois que tout l'or du monde n'est pas capable de payer votre remède : mais pourtant voici une pièce de trente sols[5] que vous prendrez, s'il vous plaît.

L'OPÉRATEUR *chantant.*

220   *Admirez mes bontés, et le peu qu'on vous vend,*

Ce trésor merveilleux, que ma main vous dispense.

Vous pouvez avec lui braver en assurance,

Tous les maux que sur nous l'ire du Ciel répand :

La gale,

225   *La rogne,*

La tigne,

La fièvre,

notes

1. **La gale, la rogne, la tigne :** maladies de la peau.
2. **La goutte :** affection rhumatismale du pied.

3. **Vérole :** maladie sexuellement transmissible.
4. **Descente :** hernie.
5. **sols :** monnaie en cours sous l'Ancien Régime.

La peste,

La goutte,

230 *Vérole,*

Descente,

Rougeole.

Ô ! grande puissance de l'orviétan !

2e **Entracte**

Plusieurs Trivelins et plusieurs Scaramouches[1], valets de l'Opérateur,
235 *se réjouissent en dansant.*

note

1. Personnages de
la *commedia dell'arte*.

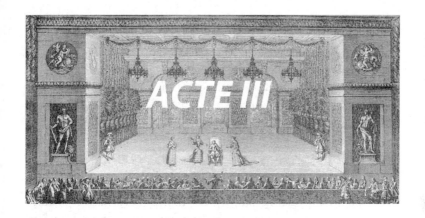

ACTE III

Scène première

MESSIEURS FILERIN, TOMÈS ET DES FONANDRÈS.

M. FILERIN – N'avez-vous point de honte, Messieurs, de montrer si peu de prudence, pour des gens de votre âge, et de vous être querellés comme de jeunes étourdis ? Ne voyez-vous pas bien quel tort ces sortes de querelles nous
5   font parmi le monde¹ ? et n'est-ce pas assez que les savants voient les contrariétés et les dissensions² qui sont entre nos auteurs et nos anciens maîtres, sans découvrir encore au peuple, par nos débats et nos querelles, la forfanterie³ de notre art ? Pour moi, je ne comprends rien du tout à cette
10 méchante politique⁴ de quelques-uns de nos gens. Et il faut confesser que toutes ces contestations nous ont décriés⁵, depuis peu, d'une étrange manière, et que, si nous n'y

notes

1. *monde :* société.
2. *dissensions :* désaccords.
3. *forfanterie :* prétention, vantardise.
4. *politique :* manière d'agir.
5. *nous ont décriés :* ont nui à notre réputation.

prenons garde, nous allons nous ruiner[1] nous-mêmes. Je n'en parle pas pour mon intérêt. Car, Dieu merci, j'ai déjà établi mes petites affaires. Qu'il vente, qu'il pleuve, qu'il grêle, ceux qui sont morts sont morts, et j'ai de quoi me passer des vivants. Mais enfin, toutes ces disputes ne valent rien pour la médecine. Puisque le Ciel nous fait la grâce que, depuis tant de siècles, on demeure infatué de nous[2], ne désabusons point[3] les hommes avec nos cabales[4] extravagantes, et profitons de leur sottise le plus doucement que nous pourrons. Nous ne sommes pas les seuls, comme vous savez, qui tâchons à nous prévaloir[5] de la faiblesse humaine. C'est là que va l'étude de la plupart du monde, et chacun s'efforce de prendre les hommes par leur faible, pour en tirer quelque profit. Les flatteurs, par exemple, cherchent à profiter de l'amour que les hommes ont pour les louanges, en leur donnant tout le vain encens[6] qu'ils souhaitent : et c'est un art où l'on fait, comme on voit, des fortunes considérables. Les alchimistes[7] tâchent à profiter de la passion qu'on a pour les richesses, en promettant des montagnes d'or à ceux qui les écoutent. Et les diseurs d'horoscopes, par leurs prédictions trompeuses, profitent de la vanité[8] et de l'ambition des crédules esprits. Mais le plus grand faible des hommes, c'est l'amour qu'ils ont pour la vie, et nous en profitons, nous autres, par notre pompeux[9] galimatias[10], et savons prendre nos avantages de cette vénération[11], que la peur de mourir leur donne pour notre métier. Conservons-nous donc dans

---

notes

1. nous ruiner : perdre la confiance des malades.
2. infatués de nous : contents de nous.
3. ne désabusons point : laissons dans l'erreur.
4. cabales : querelles.

5. nous prévaloir : profiter.
6. encens : herbe que l'on brûle dans les cérémonies religieuses en signe de respect.
7. alchimistes : personnes prétendant savoir fabriquer de l'or.

8. vanité : prétention.
9. pompeux : prétentieux.
10. galimatias : paroles qui ne veulent rien dire.
11. vénération : grand respect.

40 le degré d'estime où leur faiblesse nous a mis, et soyons de concert[1] auprès des malades, pour nous attribuer les heureux succès de la maladie, et rejeter sur la nature toutes les bévues[2] de notre art. N'allons point, dis-je, détruire sottement les heureuses préventions[3] d'une erreur qui donne du pain à tant de personnes.

45 M. Tomès – Vous avez raison en tout ce que vous dites ; mais ce sont chaleurs de sang[4], dont parfois on n'est pas le maître.

M. Filerin – Allons donc, Messieurs, mettez bas[5] toute rancune, et faisons ici votre accommodement[6].

50 M. Des Fonandrès – J'y consens. Qu'il me passe mon émétique pour la malade dont il s'agit, et je lui passerai tout ce qu'il voudra pour le premier malade dont il sera question.

M. Filerin – On ne peut pas mieux dire, et voilà se mettre à la raison.

M. Des Fonandrès – Cela est fait.

55 M. Filerin – Touchez donc là[7]. Adieu. Une autre fois, montrez plus de prudence.

Scène 2

MESSIEURS TOMÈS, DES FONANDRÈS, LISETTE.

LISETTE – Quoi, Messieurs, vous voilà, et vous ne songez pas à réparer le tort qu'on vient de faire à la médecine ?

M. Tomès – Comment ? Qu'est-ce ?

notes

1. soyons de concert : montrons-nous unis.
2. bévues : erreurs.
3. préventions : préjugés (qui font que l'erreur des médecins ne se voit pas).

4. chaleurs de sang : bouffées de colère (causées par la bile).
5. mettez bas : abandonnez.

6. faisons ici votre accommodement : mettons-nous d'accord.
7. Touchez donc là : touchez-moi la main (en signe de réconciliation).

60 LISETTE – Un insolent, qui a eu l'effronterie d'entreprendre sur[1] votre métier, et qui, sans votre ordonnance, vient de tuer un homme d'un grand coup d'épée au travers du corps.

M. TOMÈS – Écoutez, vous faites la railleuse[2] : mais vous passerez par nos mains quelque jour.

65 LISETTE – Je vous permets de me tuer, lorsque j'aurai recours à vous.

Scène 3

LISETTE, CLITANDRE *en habit de médecin.*

CLITANDRE – Hé bien, Lisette, me trouves-tu bien ainsi ?

LISETTE – Le mieux du monde ; et je vous attendais avec impatience. Enfin, le Ciel m'a faite d'un naturel le plus
70 humain du monde, et je ne puis voir deux amants soupirer l'un pour l'autre, qu'il ne me prenne une tendresse charitable, et un désir ardent de soulager les maux qu'ils souffrent[3]. Je veux, à quelque prix que ce soit, tirer Lucinde de la tyrannie où elle est, et la mettre en votre pouvoir. Vous
75 m'avez plu d'abord[4] ; je me connais en gens, et elle ne peut pas mieux choisir. L'amour risque des choses extraordinaires, et nous avons concerté[5] ensemble une manière de stratagème, qui pourra peut-être nous réussir. Toutes nos mesures sont déjà prises. L'homme à qui nous avons affaire n'est pas des plus
80 fins de ce monde ; et si cette aventure nous manque[6], nous trouverons mille autres voies pour arriver à notre but. Attendez-moi là seulement, je reviens vous quérir.

notes

1. **entreprendre sur :** exercer.
2. **railleuse :** moqueuse.
3. **les maux qu'ils souffrent :** les souffrances qu'ils endurent.
4. **d'abord :** tout de suite.
5. **concerté :** mis au point.
6. **nous manque :** échoue.

Scène 4

SGANARELLE, LISETTE.

LISETTE – Monsieur, allégresse[1] ! allégresse !

SGANARELLE – Qu'est-ce ?

85 LISETTE – Réjouissez-vous.

SGANARELLE – De quoi ?

LISETTE – Réjouissez-vous, vous dis-je.

SGANARELLE – Dis-moi donc ce que c'est, et puis je me réjouirai peut-être.

90 LISETTE – Non : je veux que vous vous réjouissiez auparavant, que vous chantiez, que vous dansiez.

SGANARELLE – Sur quoi ?

LISETTE – Sur ma parole.

SGANARELLE – Allons donc, la lera la la, la lera la. Que diable !

95 LISETTE – Monsieur, votre fille est guérie.

SGANARELLE – Ma fille est guérie !

LISETTE – Oui, je vous amène un médecin, mais un médecin d'importance, qui fait des cures merveilleuses, et qui se moque des autres médecins.

100 SGANARELLE – Où est-il ?

LISETTE – Je vais le faire entrer.

SGANARELLE, *seul* – Il faut voir si celui-ci fera plus que les autres.

note
1. *allégresse :* joie.

Scène 5

CLITANDRE *en habit de médecin,* SGANARELLE, LISETTE.

LISETTE – Le voici.

SGANARELLE – Voilà un médecin qui a la barbe bien jeune.

105 LISETTE – La science ne se mesure pas à la barbe, et ce n'est pas par le menton qu'il est habile.

SGANARELLE – Monsieur, on m'a dit que vous aviez des remèdes admirables, pour faire aller à la selle[1].

CLITANDRE – Monsieur, mes remèdes sont différents de ceux
110 des autres : ils ont l'émétique, les saignées, les médecines et les lavements ; mais moi, je guéris par des paroles, par des sons, par des lettres, par des talismans[2], et par des anneaux constellés[3].

LISETTE – Que vous ai-je dit ?

115 SGANARELLE – Voilà un grand homme !

LISETTE – Monsieur, comme votre fille est là toute habillée dans une chaise, je vais la faire passer ici.

SGANARELLE – Oui, fais.

CLITANDRE, *tâtant le pouls à Sganarelle* – Votre fille est bien
120 malade.

SGANARELLE – Vous connaissez cela ici ?

CLITANDRE – Oui, par la sympathie[4] qu'il y a entre le père et la fille.

---

notes

1. *aller à la selle :* aller aux toilettes.
2. *talismans :* objets censés porter chance.
3. *anneaux constellés :* anneaux magiques fabriqués sous l'influence d'une constellation.
4. *sympathie :* lien du sang.

Scène 6

LUCINDE, LISETTE, SGANARELLE, CLITANDRE.

125 LISETTE – Tenez, Monsieur, voilà une chaise auprès d'elle. Allons, laissez-les là tous deux.

SGANARELLE – Pourquoi ? Je veux demeurer là.

LISETTE – Vous moquez-vous ? Il faut s'éloigner : un médecin a cent choses à demander, qu'il n'est pas honnête qu'un homme entende.

130 CLITANDRE, *parlant à Lucinde à part* – Ah ! Madame, que le ravissement[1] où je me trouve est grand ! et que je sais peu par où vous commencer mon discours ! Tant que je ne vous ai parlé que des yeux, j'avais, ce me semblait, cent choses à vous dire ; et maintenant que j'ai la liberté de vous parler
135 de la façon que je souhaitais, je demeure interdit[2] ; et la grande joie où je suis étouffe toutes mes paroles.

LUCINDE – Je puis vous dire la même chose, et je sens comme vous des mouvements de joie qui m'empêchent de pouvoir parler.

140 CLITANDRE – Ah, Madame ! que je serais heureux s'il était vrai que vous sentissiez tout ce que je sens, et qu'il me fût permis de juger de votre âme par la mienne ! Mais, Madame, puis-je au moins croire que ce soit à vous à qui je doive la pensée[3] de cet heureux stratagème, qui me fait jouir de votre
145 présence ?

LUCINDE – Si vous ne m'en devez pas la pensée, vous m'êtes redevable[4], au moins, d'en avoir approuvé la proposition avec beaucoup de joie.

notes

1. *ravissement :* profonde joie.
2. *interdit :* incapable d'agir.
3. *pensée :* élaboration.
4. *vous m'êtes redevable :* vous me devez.

Gravure de Laurent Cars (XVIIIᵉ siècle).

SGANARELLE, *à Lisette* – Il me semble qu'il lui parle de bien près.

150 LISETTE, *à Sganarelle* – C'est qu'il observe sa physionomie[1], et tous les traits de son visage.

CLITANDRE, *à Lucinde* – Serez-vous constante, Madame, dans ces bontés que vous me témoignez ?

LUCINDE – Mais vous, serez-vous ferme dans les résolutions que
155 vous avez montrées ?

CLITANDRE – Ah ! Madame, jusqu'à la mort. Je n'ai point de plus forte envie que d'être à vous, et je vais le faire paraître dans ce que vous m'allez voir faire.

SGANARELLE – Hé bien ! notre malade, elle me semble un peu
160 plus gaie.

CLITANDRE – C'est que j'ai déjà fait agir sur elle un de ces remèdes que mon art m'enseigne. Comme l'esprit a grand empire sur le corps, et que c'est de lui bien souvent que procèdent les maladies, ma coutume est de courir à guérir les
165 esprits, avant que de venir au corps. J'ai donc observé ses regards, les traits de son visage, et les lignes de ses deux mains ; et par la science que le Ciel m'a donnée, j'ai reconnu que c'était de l'esprit qu'elle était malade, et que tout son mal ne venait que d'une imagination déréglée, d'un désir dépravé[2]
170 de vouloir être mariée. Pour moi, je ne vois rien de plus extravagant et de plus ridicule, que cette envie qu'on a du mariage.

SGANARELLE – Voilà un habile homme !

CLITANDRE – Et j'ai eu, et aurai pour lui, toute ma vie, une
175 aversion[3] effroyable.

notes

1. physionomie : aspect de son visage.   *2. dépravé :* déplacé.   *3. aversion :* haine, dégoût.

SGANARELLE – Voilà un grand médecin.

CLITANDRE – Mais, comme il faut flatter l'imagination des malades, et que j'ai vu en elle de l'aliénation d'esprit[1], et même, qu'il y avait du péril à ne lui pas donner un prompt[2] secours, je l'ai prise par son faible, et lui ai dit que j'étais venu ici pour vous la demander en mariage. Soudain son visage a changé, son teint s'est éclairci, ses yeux se sont animés ; et si vous voulez pour quelques jours l'entretenir dans cette erreur, vous verrez que nous la tirerons d'où elle est.

180

SGANARELLE – Oui-da, je le veux bien.

185

CLITANDRE – Après nous ferons agir d'autres remèdes pour la guérir entièrement de cette fantaisie.

SGANARELLE – Oui, cela est le mieux du monde. Hé bien ! ma fille, voilà Monsieur qui a envie de t'épouser, et je lui ai dit que je le voulais bien.

190

LUCINDE – Hélas ! est-il possible ?

SGANARELLE – Oui.

LUCINDE – Mais tout de bon ?

SGANARELLE – Oui, oui.

LUCINDE – Quoi ? vous êtes dans les sentiments[3] d'être mon mari ?

195

CLITANDRE – Oui, Madame.

LUCINDE – Et mon père y consent ?

SGANARELLE – Oui, ma fille.

LUCINDE – Ah ! que je suis heureuse, si cela est véritable !

200

---

notes

1. *aliénation d'esprit :* dérangement de l'esprit.
2. *prompt :* rapide.

3. *vous êtes dans les sentiments de :* vos sentiments vous poussent à.

CLITANDRE – N'en doutez point, Madame. Ce n'est pas d'aujourd'hui que je vous aime, et que je brûle de me voir votre mari. Je ne suis venu ici que pour cela ; et si vous voulez que je vous dise nettement les choses comme elles sont, cet
205 habit n'est qu'un pur prétexte inventé, et je n'ai fait le médecin que pour m'approcher de vous et obtenir ce que je souhaite.

LUCINDE – C'est me donner des marques d'un amour bien tendre, et j'y suis sensible autant que je puis.

210 SGANARELLE – Oh ! la folle ! Oh ! la folle ! Oh ! la folle !

LUCINDE – Vous voulez donc bien, mon père, me donner Monsieur pour époux ?

SGANARELLE – Oui. Çà, donne-moi ta main. Donnez-moi un peu aussi la vôtre, pour voir.

215 CLITANDRE – Mais, Monsieur...

SGANARELLE, *s'étouffant de rire* – Non, non : c'est pour... pour lui contenter l'esprit. Touchez là. Voilà qui est fait.

CLITANDRE – Acceptez, pour gage de ma foi[1], cet anneau que je vous donne. C'est un anneau constellé, qui guérit les
220 égarements d'esprit.

LUCINDE – Faisons donc le contrat[2], afin que rien n'y manque.

CLITANDRE – Hélas ! Je le veux bien, Madame. *(À Sganarelle.)* Je vais faire monter l'homme qui écrit mes remèdes, et lui faire croire que c'est un notaire.

225 SGANARELLE – Fort bien.

---

notes

1. pour gage de ma foi : en signe de ma fidélité.
2. contrat : contrat de mariage, acte juridique
sur lequel est noté l'arrangement financier entre les deux époux.

CLITANDRE – Holà ! faites monter le notaire que j'ai amené avec moi.

LUCINDE – Quoi ? vous aviez amené un notaire ?

CLITANDRE – Oui, Madame.

230 LUCINDE – J'en suis ravie.

SGANARELLE – Oh ! la folle ! Oh ! la folle !

Scène 7

LE NOTAIRE, CLITANDRE, SGANARELLE, LUCINDE, LISETTE.

Clitandre parle au Notaire à l'oreille.

SGANARELLE – Oui, Monsieur, il faut faire un contrat pour ces deux personnes-là. Écrivez. *(Le Notaire écrit.)* Voilà le contrat

235 qu'on fait : je lui donne vingt mille écus en mariage. Écrivez.

LUCINDE – Je vous suis bien obligée[1], mon père.

LE NOTAIRE – Voilà qui est fait, vous n'avez qu'à venir signer.

SGANARELLE – Voilà un contrat bientôt bâti[2].

CLITANDRE – Au moins...

240 SGANARELLE – Hé ! non, vous dis-je, sait-on pas bien ? Allons, donnez-lui la plume pour signer. Allons, signe, signe, signe. Va, va, je signerai tantôt moi.

LUCINDE – Non, non, je veux avoir le contrat entre mes mains.

SGANARELLE – Hé bien ! tiens. Es-tu contente ?

245 LUCINDE – Plus qu'on ne peut s'imaginer.

SGANARELLE – Voilà qui est bien, voilà qui est bien.

---

notes

1. obligée : reconnaissante.   **2. bientôt bâti :** rapidement dressé, rédigé.

CLITANDRE – Au reste, je n'ai pas eu seulement la précaution
d'amener un notaire ; j'ai eu celle encore de faire venir des
voix[1] et des instruments pour célébrer la fête, et pour nous
250 réjouir. Qu'on les fasse venir. Ce sont des gens que je mène
avec moi, et dont je me sers tous les jours pour pacifier avec
leur harmonie les troubles de l'esprit.

Scène dernière

LA COMÉDIE, LE BALLET ET LA MUSIQUE, CLITANDRE,
SGANARELLE, LUCINDE, LISETTE.

LA COMÉDIE, LE BALLET ET LA MUSIQUE, *tous trois ensemble.*

Sans nous tous les hommes

255 *Deviendraient mal sains[2] ;*

Et c'est nous qui sommes

Leurs grands médecins.

LA COMÉDIE

Veut-on qu'on rabatte

260 *Par des moyens doux,*

Les vapeurs de rate[3]

Qui vous minent tous,

Qu'on laisse Hippocrate,

Et qu'on vienne à nous.

265   *TOUS TROIS ensemble.*

Sans nous…
Durant qu'ils chantent, et que les Jeux, les Ris[1],
et les Plaisirs dansent, Clitandre emmène Lucinde.

SGANARELLE – Voilà une plaisante façon de guérir. Où est donc
270   ma fille et le médecin ?

LISETTE – Ils sont allés achever le reste du mariage.

SGANARELLE – Comment, le mariage ?

LISETTE – Ma foi, Monsieur, la bécasse est bridée[2], et vous avez
    cru faire un jeu, qui demeure une vérité.

275 SGANARELLE *(Les danseurs le retiennent et veulent le faire danser*
    de force). – Comment, diable ! Laissez-moi aller, laissez-moi
    aller, vous dis-je. Encore ? Peste des gens !

notes

1. les Ris : les rires ; ici,
ce sont des danseurs
qui incarnent « les Jeux,
les Ris et les Plaisirs ».

2. la bécasse est bridée :
formule populaire pour dire
que Sganarelle s'est laissé
piéger.

Les amusements italiens, estampe de Ransonette, d'après Watteau.

Au fil du texte

AVEZ-VOUS BIEN LU ?

1. De combien de scènes se compose chacun des deux actes ?

2. Dans combien de scènes Sganarelle apparaît-il ?

3. Quelle scène est un monologue★ ?

4. À quels personnages se rapportent les actions suivantes ?

a) Il fait venir plusieurs médecins.

b) Il a soigné un cocher, qui a fini par mourir.

c) Il parle très lentement.

d) Il guérit par des talismans et des anneaux constellés.

e) Il intervient pour mettre d'accord Tomès et Des Fonandrès.

5. Qui est Clitandre ? Pour qui se fait-il passer auprès de Sganarelle ?

6. De qui Clitandre est-il accompagné ? Pour qui ce personnage se fait-il passer auprès de Sganarelle ?

7. Quel personnage apprend à Sganarelle qu'il a été trompé ?

monologue :
scène dans
laquelle un
personnage se
retrouve seul.

ÉTUDIER LES PERSONNAGES

8. Qu'est-ce qui, selon vous, caractérise Clitandre ?

9. Montrez que Lisette joue un rôle essentiel dans l'acte III.

10. Quelles caractéristiques de la servante de comédie retrouve-t-on chez Lisette ?

11. Quels éléments révèlent la naïveté
de Sganarelle ?

12. Dans quelle mesure peut-on dire de Sganarelle
qu'il est, à la fin de l'acte III, le « trompeur
trompé » ?

ÉTUDIER LA SATIRE DES MÉDECINS

13. Pourquoi, selon vous, Molière met-il en scène
cinq médecins ?

14. Lequel des cinq médecins joue un rôle
particulier ? Justifiez votre réponse.

15. Par quels procédés Molière ridiculise-t-il
les médecins ?

16. Quel est le mode* dominant dans les deux
dernières phrases de la tirade de M. Filerin ?
Quel est l'effet produit ?

17. Que reproche Molière aux médecins ?

ÉTUDIER UN GENRE : LA COMÉDIE-BALLET*

18. Les médecins sont-ils, selon vous,
des personnages vraisemblables* ?

19. Dans quelle mesure peut-on dire que les scènes
5 à 8 de l'acte III constituent « une comédie dans
la comédie » ?

20. Comment les deux entractes sont-ils liés
à l'intrigue ?

mode : il existe
7 modes
(l'indicatif,
le subjonctif,
le conditionnel,
l'impératif,
l'infinitif,
le gérondif et
le participe).

comédie-ballet :
au théâtre
s'associent
musique et
danse.

vraisemblables :
crédibles, qui
peuvent exister
dans la réalité.

21. Comment les deux entractes contribuent-ils au comique de la pièce ?

22. En vous appuyant sur les questions précédentes, présentez la conception que Molière a, selon vous, du théâtre.

COMPARER *L'AMOUR MÉDECIN* ET *LE MÉDECIN VOLANT*

23. Quels points communs et quelles différences le stratagème de Lisette présente-t-il avec celui de Sganarelle dans *Le Médecin volant* ?

24. Comparez les deux dénouements en dégageant les ressemblances et les différences.

25. En quoi la critique de la médecine dans *L'Amour médecin* rejoint-elle celle présentée dans *Le Médecin volant* ? En quoi est-elle différente ?

LIRE L'IMAGE

26. Page 65, comment les acteurs expriment-ils l'autorité abusive des médecins ?

À VOS PLUMES !

27. Un personnage de votre choix entre dans un magasin de vêtements et demande des conseils ; deux vendeurs s'approchent pour le renseigner. En vous inspirant des médecins de *L'Amour médecin* (acte II, scène 5), écrivez une scène de théâtre dans laquelle les avis, les arguments et les caractères des deux vendeurs seront très contrastés.

Retour sur les œuvres

Le médecin volant

1. Placez dans l'ordre chronologique les événements suivants :

a) Sganarelle ausculte Lucile.

b) Sganarelle demande à Gorgibus d'accepter Valère pour gendre.

c) Sabine conseille à Lucile de feindre d'être malade.

d) Valère propose dix pistoles à Sganarelle.

e) Gorgibus donne de l'argent à Sganarelle.

f) Sganarelle se fait passer pour Narcisse.

g) L'Avocat fait l'éloge de la médecine.

2. Quels liens unissent les personnages suivants ?

a) Gros-René est .... de Gorgibus.

b) L'Avocat est .... de Gorgibus.

c) Valère est .... de Sganarelle.

d) Sabine est .... de Lucile.

e) Gorgibus est .... de Sabine.

f) Valère est .... de Lucile.

3. Précisez le caractère de chacun des personnages en cochant les cases.

	Lucile	Valère	Gorgibus	Sganarelle
Amoureux				
Crédule				
Avare				
Intéressé par l'argent				
Ignorant				
Débrouillard				

L'Amour médecin

4. Vérifiez votre connaissance du vocabulaire du théâtre en complétant les phrases suivantes.

a) Dans la scène d'....................., on apprend que la fille de Sganarelle est plongée dans une profonde mélancolie.

b) Le .... de Sganarelle (acte I, scène 5), nous montre que ce dernier considère sa fille comme un de ses biens.

c) À la fin de la deuxième scène de l'acte II, une .... indique un jeu de scène.

d) La .... de M. Filerin est une dénonciation implicite des médecins.

e) La naïveté de Sganarelle relève du comique de ....

5. Quels personnages prononcent les répliques suivantes ?

a) « Aimerais-tu quelqu'un, et souhaiterais-tu d'être mariée ? »

b) « Il n'y a point de pires sourds que ceux qui ne veulent point entendre. »

c) « J'ai un cheval merveilleux, et c'est un animal infatigable. »

d) « Un homme mort n'est qu'un homme mort, et ne fait point de conséquence. »

e) « Il faut que j'aille acheter de l'orviétan. »

f) « Mais vous, serez-vous ferme dans les résolutions que vous avez montrées ? »

g) « Je ne vois rien de plus extravagant et de plus ridicule que cette envie qu'on a du mariage. »

h) « Il faut faire un contrat pour ces deux personnes-là. »

6. À l'aide des définitions, retrouvez les noms de ces six médecins et placez-les dans la grille.

1) Il prescrit de l'émétique.
2) Il parle en bredouillant.
3) Il vient prêcher l'intérêt de la médecine.
4) Il vient accompagné de son apothicaire.
5) Il parle lentement.
6) Il prescrit la saignée.

LES DEUX PIÈCES

7. Pour chacune des deux pièces, complétez
le tableau suivant :

	Problème posé	Stratagème employé	Résultat du stratagème
Le Médecin volant			
L'Amour médecin			

8. Cochez les cases pour indiquer si les propositions
suivantes sont justes pour chacune des pièces :

	Le Médecin volant	L'Amour médecin
Le père ne veut pas que sa fille se marie avec celui qu'elle aime.		
Le père veut garder sa fille pour lui.		
Le père pense que sa fille est malade.		
Le père craint que la maladie de sa fille ne retarde le mariage.		
Un faux médecin intervient.		
Les jeunes gens qui s'aiment finissent par se marier.		
Le père finit par accepter le mariage de sa fille.		
Le stratagème mis en place permet un jeu de théâtre dans le théâtre.		

Dossier
Bibliocollège

Structure des pièces

Le Médecin volant, pièce en un acte, et *L'Amour médecin*, comédie-ballet en trois actes, sont deux pièces légères destinées à faire rire. Leurs intrigues, centrées sur un mariage interdit et sur des fourberies, sont bâties de manière similaire.

LE MÉDECIN VOLANT

• Tableau de présence en scène des personnages

	Valère	Sabine	Sganarelle	Gorgibus	Gros-René	Lucile	L'Avocat
scène 1	X	X					
scène 2	X		X				
scène 3				X	X		
scène 4		X	X	X			
scène 5		X	X	X		X	
scène 6							X
scène 7				X			X
scène 8			X	X			X
scène 9	X						
scène 10	X		X				
scène 11			X	X			
scène 12			X	X			
scène 13	X		X				
scène 14			X	X			
scène 15			X	X	X		
scène 16	X		X	X	X	X	
Total	6	3	11	10	3	2	3

Sganarelle, personnage éponyme de la pièce, est celui qui occupe le plus la scène, suivi de peu par Gorgibus, un des personnages clés de l'intrigue. Tous deux sont au centre de l'histoire et sont source de comique : le premier parce qu'il mène le jeu par ses fourberies, le second parce qu'il en est la victime.

Valère et plus encore Lucile occupent une place secondaire : incapables de se débrouiller seuls et de faire preuve d'initiative, ils se contentent, l'un et l'autre, de suivre les conseils de Sabine. Lucile feint d'être malade et elle ne prononce que trois répliques dans la scène v (par trois fois « *Oui, Monsieur* ») et c'est Valère qui se fait son porte-parole dans la scène xvi en demandant pardon à Gorgibus.

Sabine, très importante au début de la pièce, s'efface ensuite, lorsque Lucile fait son apparition. À l'initiative du stratagème du faux médecin, elle disparaît quand la machine est lancée grâce à l'habileté de Sganarelle. Ce dernier devient dès lors l'élément moteur.

Gros-René, bien que déclenchant le dénouement, est peu présent. Sans doute son statut d'ombre de Gorgibus explique-t-il cette présence réduite pour un valet. Dans *Les Fourberies de Scapin*, où deux valets participent à l'intrigue, on observe le même retrait d'un des personnages, Sylvestre, au profit de l'autre, le véritable fourbe, Scapin.

Quant à l'Avocat, il n'intervient que pour faire l'éloge de la médecine, étaler son savoir sans prendre en compte l'ignorance de son interlocuteur, le faux médecin. Présentation positive de la médecine ou coup de griffe à la profession d'avocat ? Quoi qu'il en soit, ce personnage ne joue aucun rôle dans la progression de l'intrigue.

- **Composition de la pièce**

On retrouve dans cette farce en un acte la composition des comédies plus amples de Molière.

Exposition :
- Scène i : Sabine présente la situation et propose le stratagème du faux médecin.
- Scène ii : Sganarelle accepte de jouer le rôle du médecin qui devra soigner la fausse malade.
- Scène iii : Gorgibus demande à Gros-René de lui amener un médecin.

Péripéties :
- Scènes iv à viii : Sganarelle, selon le plan de Sabine, se fait passer pour un médecin et demande à Gorgibus de mettre sa fille au repos à la campagne, là où Valère pourra la rejoindre discrètement.
- Scènes ix à xv : Sganarelle, surpris par Gorgibus sans sa robe de médecin, imagine l'histoire du jumeau Narcisse. Pour sauver son mensonge, il joue les deux personnages et devient le « médecin volant ».

Dénouement :
- Fin de la scène xv : Gros-René découvre la fourberie de Sganarelle, qui avoue la vérité. Gorgibus menace de pendre le faux médecin.
- Scène xvi :
  - Coup de théâtre : Valère et Lucile demandent pardon à Gorgibus, qui leur pardonne ainsi qu'à Sganarelle.
  - Situation finale : Valère et Lucile se marient avec l'autorisation de Gorgibus.

Comme dans d'autres pièces de Molière, le spectateur
ne découvre pas le personnage principal dès
la première scène : Sganarelle n'apparaît en effet que
dans la scène II et il faut attendre la fin de la pièce
pour comprendre le sens du titre.
Dans la dernière scène, les personnages importants
de l'intrigue se trouvent réunis pour célébrer
le dénouement dans la joie : « *Allons tous faire noces
et boire à la santé de toute la compagnie.* »

L'AMOUR MÉDECIN

• **Tableau de présence en scène
des personnages (voir page 104)**

Sganarelle est le personnage principal, suivi par Lisette,
la servante, qui orchestre la fourberie destinée
à dénouer l'intrigue. Viennent ensuite les amoureux,
dont le rôle est plus actif, du moins pour Clitandre, que
dans *Le Médecin volant*. Les quatre médecins, dont
le rôle est similaire, sont présents sur scène de façon
presque équivalente, et l'on note que M. Filerin occupe
une place à part dans ce cortège de médecins.
Quelques personnages destinés à faire rire – comme
les amis dans la première scène – ou à servir l'intrigue
– comme le notaire à la fin – ne font qu'une seule
apparition sur scène. Molière écrit pour sa troupe
et derrière chaque personnage se trouve un comédien
à qui l'auteur pense particulièrement ; il lui est parfois
nécessaire de multiplier les personnages secondaires
pour que tous les comédiens de la troupe puissent
participer au spectacle.

Structure des pièces

	Acte I	Acte II	Acte III	Total
Sganarelle	scènes 1, 2, 3, 5, 6	scènes 1, 2, 4, 5, 6, 7	scènes 4, 5, 6, 7, 8	16
Aminte	scène 1	–	–	1
Lucrèce	scène 1	–	–	1
M. Guillaume	scène 1	–	–	1
M. Josse	scène 1	–	–	1
Lucinde	scènes 2, 3, 4	–	scènes 6, 7, 8	6
Clitandre	–	–	scènes 3, 5, 6, 7, 8	5
Lisette	scènes 3, 4, 6	scènes 1, 2	scènes 2, 3, 4, 5, 6, 7, 8	12
M. Tomès	–	scènes 2, 3, 4	scènes 1, 2	5
M. Des Fonandrès	–	scènes 2, 3, 4	scènes 1, 2	5
M. Macroton	–	scènes 2, 3, 4, 5	–	4
M. Bahys	–	scènes 2, 3, 4, 5	–	4
M. Filerin	–	–	scène 1	1
Un notaire	–	–	scène 7	1
L'Opérateur	–	scène 7		1

• Composition de la pièce

ACTE I

Exposition :

– Scènes 1, 2, 3 : Sganarelle consulte ses proches au sujet de la tristesse de sa fille. Lucinde fait comprendre à son père que sa mélancolie provient de ce que son père ne veut pas la marier avec le jeune homme qu'elle aime.

– Scènes 4 et 5 : Lisette est décidée à aider Lucinde en imaginant un « tour ». Sganarelle ne veut pas du mariage de sa fille, car il veut la garder avec lui.

Péripéties :
– Scène 6 : Mettant en place son stratagème, Lisette
  raconte à Sganarelle que Lucinde est sur le point
  de mourir. Sganarelle envoie chercher des médecins.
Entracte : ballet des médecins.

ACTE II
Péripéties :
– Scènes 1 à 5 : Arrivée et consultation des médecins.
– Scènes 6 et 7 : Sganarelle, devant la diversité des
  avis des médecins, choisit un remède populaire,
  l'orviétan.
Entracte : ballet des Trivelins et Scaramouches autour
de l'Opérateur.

ACTE III
Péripéties :
– Scènes 1 et 2 : Critique des médecins avec l'arrivée
  de M. Filerin.
– Scène 3 : Mise en place du stratagème par Clitandre
  et Lisette.
– Scènes 4 à 7 : Clitandre sa fait passer pour
  un médecin et propose de jouer la comédie
  du mariage pour guérir Lucinde. Le notaire,
  se faisant passer pour un apothicaire, établit
  le contrat de mariage.
Dénouement :
– Scène 8 : Le mariage est célébré par un ballet.
  Sganarelle apprend que Clitandre est parti avec
  sa fille et que le mariage était réel.

Il était une fois Molière

Nous voyons en Molière l'auteur du XVIIᵉ siècle, contemporain, sous le règne de Louis XIV, du conteur Charles Perrault, du fabuliste Jean de La Fontaine, des auteurs tragiques Pierre Corneille et Jean Racine. Mais n'oublions pas qu'il était également directeur d'une troupe de théâtre, metteur en scène et comédien !

DE LA VIE BOURGEOISE AU THÉÂTRE AMBULANT

Date clé :
1622 : naissance de Jean-Baptiste Poquelin (Molière).

Fils d'un tapissier du roi, Jean-Baptiste Poquelin naît à Paris en 1622. À dix ans, il perd sa mère et entre au collège de Clermont, l'actuel lycée Louis-le-Grand. Il poursuit ses études et, poussé par son père, se tourne vers le droit ; il obtient sa licence en 1642. Mais le jeune homme est depuis longtemps attiré par le théâtre et ne manque pas une occasion de voir jouer le comédien italien Tiberio Fiorelli, dit Scaramouche. Toujours en 1642, Jean-Baptiste fait la connaissance de l'actrice Madeleine Béjart et il renonce à la vie bourgeoise comme à la carrière d'avocat.

Date clé :
1643 : création de L'Illustre Théâtre.

En 1643, il fonde, avec la famille Béjart, L'Illustre Théâtre. Ses débuts à Paris sont difficiles et la troupe, dont il est le directeur, part sur les routes de France à la recherche d'un succès qui tarde à venir. Pendant treize ans, les comédiens vont de ville en ville, montent et démontent leurs tréteaux. En 1646, Jean-Baptiste prend le pseudonyme de Molière. Protégé par le prince de Conti, puis par le gouverneur de Normandie, il connaît enfin le succès à Lyon, en 1655, avec

L'Étourdi et, en 1656, à Béziers avec le *Dépit amoureux*.
La misère et les voyages fatigants sont oubliés :
L'Illustre Théâtre regagne Paris.

PREMIERS SUCCÈS ET PREMIÈRES CRITIQUES

En 1658, le roi assiste à une représentation
de la troupe ; il lui accorde une petite pension,
la rebaptise Troupe de Monsieur (Monsieur est le frère
du roi, Philippe d'Orléans) et lui attribue la salle
du Petit-Bourbon. La pièce *Les Précieuses ridicules*
(1659), une caricature des mondains inspirée
de la farce, obtient un grand succès. La renommée
de Molière est assurée ! Son répertoire compte aussi
des petites comédies, proches de la farce, comme
Le Médecin volant.

Mais la gloire suscite la jalousie et, mis au défi
de composer une comédie héroïque en vers, Molière
écrit et met en scène *Dom Garcie de Navarre*. La pièce
est un échec et Molière revient à ses sources
d'inspiration comique que sont la farce et la *commedia
dell'arte*.

En 1662, il épouse Armande Béjart (fille ou sœur
de Madeleine), plus jeune que lui de vingt ans,
et il s'impose avec une comédie en cinq actes
et en vers (comme les tragédies, mieux considérées
que les comédies) : *L'École des femmes*. Cette pièce sera
controversée et Molière prendra sa défense en 1663
dans une petite comédie intitulée *La Critique
de « L'École des femmes »*.

Date clé :

1659 : premier grand succès à Paris avec *Les Précieuses ridicules*.

DES ANNÉES DIFFICILES

Molière est protégé par le roi : Louis XIV lui attribue
en effet, en 1661, après la démolition de la salle
du Petit-Bourbon, le théâtre du Palais-Royal, qu'il
partage avec les comédiens italiens ; il devient aussi,
en 1664, le parrain de son premier enfant, un fils,
qui ne vivra que dix mois. Cette protection royale
ne met pas Molière à l'abri des critiques de ceux
qui sont jaloux de son succès ou se sentent visés
par ses comédies.

Date clé :
1664 : interdiction
du *Tartuffe*.

En 1664, la comédie en vers *Tartuffe* est interdite dès
la première représentation. Molière y dénonce
l'hypocrisie et les défenseurs d'une religion stricte font
pression sur le roi, qui condamne la pièce. Il faudra que
Molière attende cinq ans, cinq années de combats (la
fameuse « querelle du *Tartuffe* »), pour que la pièce
soit enfin jouée en 1669. Entre-temps, Molière doit
assurer la survie de sa troupe. Il monte rapidement,

Date clé :
1665 : *Dom Juan*
et *L'Amour
médecin*.

en 1665, *Dom Juan*, une pièce à grand spectacle sur
un thème à la mode. Mais comme il ne peut
s'empêcher de reprendre les thèmes du *Tartuffe*,
religion et hypocrisie, la pièce sera également
censurée. 1665 est aussi l'année de *L'Amour médecin*,
un petit divertissement commandé par Louis XIV.
Molière collabore avec le compositeur Lully, comme
il le fera en 1670 pour *Le Bourgeois gentilhomme*.

LES DERNIÈRES ANNÉES

Molière continue à obtenir un grand succès auprès
du public avec *Le Misanthrope* et *Le Médecin malgré lui*
(1666), *L'Avare* (1668), *Le Bourgeois gentilhomme* (1670),
Les Fourberies de Scapin (1671) – une comédie très

proche de la *commedia dell'arte* –, *Les Femmes savantes*
(1672). En 1669, *Tartuffe*, entièrement remanié, est
finalement autorisé et reçoit un accueil triomphal. Mais
la santé de Molière ne cesse de se détériorer. Il se sent
abandonné par ses proches et par le roi, qui lui préfère
Lully. Gravement malade, il compose et met en scène,
en 1673, *Le Malade imaginaire*, une comédie dans
laquelle, jouant le rôle du faux malade, il dénonce une
dernière fois les incompétents et les prétentieux...
Le 17 février 1673, à la quatrième représentation
de la pièce, il est pris d'un malaise et meurt quelques
heures plus tard. Les comédiens étant exclus des
sacrements catholiques, ses funérailles ont lieu la nuit.
Molière est enterré au cimetière du Père-Lachaise
à Paris.

Date clé :

1673 : Molière meurt
à la quatrième
représentation
du *Malade
imaginaire*.

**Tombeaux de Molière et de Jean de La Fontaine
au Père-Lachaise à Paris.**

Être un homme de théâtre sous Louis XIV

UNE MONARCHIE ABSOLUE

Date clé :
1661-1715 : règne personnel de Louis XIV.

À retenir :
La France devient avec Louis XIV une monarchie absolue et un modèle pour l'Europe.

Après la mort de Louis XIII en 1643 – alors que Louis XIV n'a que cinq ans –, et la régence d'Anne d'Autriche (avec Mazarin comme Premier ministre), Louis XIV règne en roi absolu, sans Premier ministre, de 1661 à 1715. Depuis que Mazarin a maîtrisé la Fronde en 1652 – une guerre civile menée par les nobles contre le pouvoir absolu –, l'aristocratie n'a plus de pouvoir et les grands deviennent sous Louis XIV des courtisans qui participent à la vie fastueuse de Versailles et attendent du roi des rentes. Le Roi-Soleil règne en maître absolu sur toutes les catégories sociales de son royaume. Ses dépenses, pour assurer son prestige personnel par des constructions (le château de Versailles et ses jardins), des fêtes et des guerres, font de la France un modèle européen que d'autres monarques, comme Pierre le Grand en Russie, vont imiter. La France rayonne, mais elle est ruinée.

LE ROI ET LES ARTS

À retenir :
Le roi est très impliqué dans la vie artistique ; il l'encourage autant qu'il la contrôle.

Louis XIV, s'écartant progressivement du courant esthétique baroque, alors dominant en Europe, impose le classicisme, qui prévaut dans les arts comme dans les lettres. La rigueur des bâtiments et des jardins cohabite avec la profusion et le désordre, chers au baroque. L'autorité du roi s'exerce aussi du côté des idées : il décide de ce qui peut être écrit ou joué sur scène. Il confie ainsi à Molière le théâtre du Petit-Bourbon, en 1658, puis celui du Palais-Royal, en 1661. Mais c'est lui également qui, subissant la pression d'un entourage religieux strict, interdira *Le Tartuffe*, une comédie qui, pourtant, exprimait, dans son dénouement, son pouvoir et sa justice. Il ira même jusqu'à chasser de Paris, en 1697, les comédiens italiens, jugés trop divertissants. Le régent Philippe d'Orléans les fera revenir en 1716.

LE CONTEXTE ARTISTIQUE

Au cours de cette période, deux mouvements esthétiques se succèdent. Le premier, le baroque, dominera en Europe jusqu'au XVIIIe siècle : il se caractérise par la profusion des décors, la place des miroirs, des masques et des trompe-l'œil, les procédés de mise en abyme tels que le jeu du théâtre dans le théâtre. Molière sera influencé par cette esthétique baroque, comme peuvent en témoigner les deux pièces réunies ici. Le classicisme, soutenu par Louis XIV, est, lui, un courant spécifiquement français. L'équilibre et la rigueur, inspirés de l'Antiquité, sont des modèles. S'en inspirent les architectes du château de Versailles – Mansart et Le Vau –, ainsi que, pour les jardins dits « à la française », Le Nôtre. Du côté de la littérature, Racine, l'auteur de tragédies comme *Andromaque* (1667) et *Phèdre* (1677), en est un fidèle représentant.

Le XVIIe siècle est un grand siècle pour le théâtre. S'inspirant des modèles antiques, les tragédies expriment la misère de l'homme face à un destin qui le dépasse. En vers et en cinq actes, elles forment le genre littéraire le plus prisé. Pierre Corneille et Jean

À retenir :
Il existe au XVIIe siècle deux courants artistiques dominants : le baroque et le classicisme.

Être un homme de théâtre sous Louis XIV

À retenir :
Le XVIIe siècle est
le siècle d'or
du théâtre français.

Racine y excellent. La comédie, d'inspiration plus populaire, sera considérée jusqu'à la fin du XVIIIe siècle comme un genre secondaire. Son maître est bien sûr Molière.

LE THÉÂTRE AU XVIIE SIÈCLE À PARIS

• Les artistes

Les comédiens appartiennent à des troupes et leur vie est très difficile. Si Molière connaît un grand succès, nous sommes bien loin du vedettariat que nous connaissons au XXIe siècle ! Pour survivre, il faut savoir échapper à la censure, affronter les jalousies, séduire un public souvent agité.

Faisant profession du mensonge et du divertissement, les comédiens sont excommuniés, c'est-à-dire exclus de la religion catholique. Les sacrements leur sont refusés et c'est pour cette raison que les funérailles de Molière auront lieu discrètement la nuit.

• Les conditions matérielles de la représentation

Du temps de Molière, les pièces de théâtre sont jouées dans des conditions bien différentes de celles que nous connaissons aujourd'hui. D'abord, la salle reste éclairée durant tout le spectacle et le public, qui est là pour se divertir, n'est pas nécessairement venu pour voir la pièce. En bas, au parterre, les spectateurs sont debout ; ils peuvent dîner, se battre… Dans les loges, sur les côtés, les personnes de condition plus élevée poursuivent les conversations commencées un peu plus tôt dans les salons. Pour les spectateurs les plus fortunés ou les plus importants, des fauteuils sont installés sur la scène même, de chaque côté.

• Une troupe particulière : les Italiens

Invités en France par Catherine de Médicis à la fin
du XVIᵉ siècle, les comédiens italiens et la *commedia
dell'arte* obtiennent un grand succès à Paris. Ce théâtre
très codifié met en scène des personnages types, qui
ne changent pas d'une pièce à l'autre : Dottore
le pédant, Pantalon l'avare, sans oublier les *zanni*
(les valets) Arlequin, Scapin et Polichinelle. L'intrigue
est réduite à un schéma (le *scenario*), et les acteurs
improvisent, brodent sur ce canevas en ajoutant toutes
les acrobaties (les *lazzis*, c'est-à-dire les jeux de scène)
qui correspondent à leur rôle. Les troupes italiennes
se sont déplacées dans toute l'Europe, influençant
particulièrement le théâtre français, notamment
Molière qui partage avec les Italiens la salle
du Petit-Bourbon, puis celle du Palais-Royal.
Au XVIIIᵉ siècle, Marivaux puisera également son
inspiration dans ce théâtre d'improvisation et écrira
ses plus célèbres comédies (*Le Jeu de l'amour
et du hasard*, 1730) pour la troupe des Italiens.

À retenir :
Les comédiens italiens et la *commedia dell'arte* ont profondément inspiré Molière.

• Les troupes officielles

Quand Molière arrive à Paris, après une vie
de comédien itinérant en province, deux troupes
officielles cohabitent : celle de l'Hôtel de Bourgogne
(les Grands Comédiens), subventionnée par le roi,
et celle, non subventionnée, du Marais (les Petits
Comédiens). En 1658, le roi lui accorde une salle, puis,
en 1665, une rente annuelle est versée à sa troupe.
En 1680, sept ans après le décès de Molière, Louis XIV
décide la fusion des trois troupes officielles :
la Comédie-Française est née. Elle continue de jouer
aujourd'hui le répertoire classique.

Date clé :
1680 : naissance de la Comédie-Française.

Comédiens italiens au théâtre de l'Hôtel de Bourgogne, gravure anonyme (XVIIe siècle).

De la farce
à la comédie

Le Médecin volant est une des premières créations
de Molière à son arrivée à Paris, en 1659. La comédie
en trois actes *L'Amour médecin* (1665) est, quant à elle,
contemporaine de *Dom Juan*. Rapprocher ces deux
courtes pièces, destinées à divertir, permet
de comprendre les sources d'inspiration de Molière,
la façon dont il renouvelle progressivement le genre
de la comédie et la place essentielle qu'il accorde
à la représentation.

DES SOURCES D'INSPIRATION VARIÉES

• La comédie antique

Dans le théâtre grec, la comédie vient divertir les
spectateurs entre deux tragédies. Les personnages sont
figés ; on les retrouve d'une pièce à l'autre d'autant
plus facilement que les acteurs portent des masques.
S'inspirant des Grecs, les auteurs latins, comme
Térence, reprennent ces personnages types tels que
le barbon – vieillard avare, égoïste et crédule –, le valet
débrouillard, les jeunes gens amoureux... L'intrigue est
centrée sur le mariage des jeunes gens : ils s'aiment
et leurs pères ne veulent pas de cette alliance qui
ne leur rapporte rien. Molière reprend ce schéma
et ces personnages, les déclinant de diverses manières.

À retenir :
Molière s'inspire
du schéma et des
personnages types
de la comédie
antique.

• La farce

Le théâtre médiéval a d'abord une fonction éducative :
les mystères sont joués à l'occasion des fêtes
religieuses afin d'instruire des spectateurs

À retenir :
Molière reprend les
acrobaties
et le comique
grossier de la farce.

analphabètes. Ils représentent des moments de la vie des saints ou du Christ. Comme dans l'Antiquité, des intermèdes comiques viennent détendre l'atmosphère : ce sont les farces. Pour provoquer le rire, elles n'hésitent pas à recourir aux pitreries, aux acrobaties et au comique le plus grossier. Molière s'en inspire quand il crée *Le Médecin volant*. Ne voit-on pas en effet Sganarelle boire l'urine de Lucile ? Ne le voit-on pas également passer et repasser par la fenêtre ? Les procédés sont sommaires et les gestes ou mouvements plus importants que les propos du comédien. Le succès est garanti et Molière n'hésite pas à puiser son inspiration dans ce théâtre populaire.

• *La commedia dell'arte*

À retenir :
L'improvisation, les personnages et les ballets de la *commedia dell'arte* ont fortement influencé le théâtre de Molière.

Plongeant leurs racines dans la tradition populaire de la farce, les acrobaties (les *lazzi*) du valet (le *zanni*) sont caractéristiques de la *commedia dell'arte*, le théâtre italien qui, installé à Paris depuis le XVIe siècle, fait salle comble. Reprenant les personnages types de la comédie latine, les pièces mettent en avant la fourberie des valets réussissant à tromper des maîtres naïfs et égoïstes. La particularité de la *commedia dell'arte* réside dans l'improvisation : en effet, le texte se réduit à un canevas, à partir duquel les comédiens improvisent selon leur imagination et en tenant compte des réactions du public. Molière, lui aussi, invite ses acteurs à improviser dans *Le Médecin volant*, comme en témoignent les quelques « *etc.* » qui ponctuent le texte (par exemple, lorsque l'Avocat n'en finit pas de saluer Sganarelle).

Harlequin. Zany Corneto. Il Segnor Pantalon.

O la belle chanfon, Pantalon chantons bien, | Accordons nous tous trois, fi bien & proprement | Courage (mes amis) ie chante le deffus,
Si voulez efgayer voftre maiftreffe belle, | Que puiffions l'endormir au doux fon de ma lire, | De ce plaifant trio, compofé pour madame,
C'eft le moyen certain pour en fin iouïr d'elle, | Encor que comme vous ie n'aye apris à lire, | La douceur de ma voix luy penetrera l'ame:
Qu'eftre mufeau de chien, dy-ie muficien. | Ie ne laifferay pas de ioüer brauement. | Mes paffages ne font ni tortus ni boffus. j.

Comédiens italiens, gravure de Fossard.

Molière, fasciné par ce théâtre, qu'il a découvert très jeune, fait appel à des personnages tout droit sortis du théâtre des Italiens : « *Plusieurs Trivelins et Scaramouches* ». Dans *L'Amour médecin*, le ballet des quatre médecins, durant le premier entracte, mais aussi quand ils saluent Sganarelle, n'est pas non plus sans rappeler la *commedia dell'arte*.

LA COMÉDIE SELON MOLIÈRE

Puisant dans ces sources variées, Molière renouvelle la comédie et devient le maître incontesté du genre.

• Une intrigue centrée sur la question d'un mariage

Dans les deux courtes comédies réunies ici, l'intrigue est la même : un père s'oppose à ce que sa fille épouse celui qu'elle aime, mais un valet réussit, par la ruse, à rendre ce mariage possible. Bien sûr, il y a des variantes : la fille s'appelle Lucile dans *Le Médecin volant*, Lucinde dans *L'Amour médecin* ; Sganarelle est valet dans la première pièce, père dans la seconde. Les fourberies diffèrent légèrement, le dénouement également, puisque, dans *Le Médecin volant*, Gorgibus finit par autoriser le mariage de Valère et de Lucile, alors que, dans la seconde comédie, le père reste jusqu'au bout hostile à cet amour.

On trouvera de nombreuses variantes sur ce thème dans les autres comédies de Molière, qu'il s'agisse du *Bourgeois gentilhomme*, de *L'Avare* ou du *Médecin malgré lui*.

• Des personnages types

Dans la tradition de la comédie antique et de la *commedia dell'arte*, les personnages sont stéréotypés, presque interchangeables – Lisette, par exemple, étant, dans *L'Amour médecin*, la version féminine du valet Sganarelle du *Médecin volant*. Les personnages des deux pièces sont très proches :

	Le Médecin volant	*L'Amour médecin*
Personnages favorables au mariage	• les amoureux : Valère et Lucile • l'entremetteuse : Sabine • l'instrument du stratagème : Sganarelle	• les amoureux : Clitandre et Lucinde • l'entremetteuse : Lisette • l'instrument du stratagème : le notaire
Personnages défavorables au mariage	• le père : Gorgibus • le valet : Gros-René • le mari choisi par le père : Villebrequin	• le père : Sganarelle
Personnages extérieurs à l'intrigue	• l'avocat	• les amis du père • les médecins

• **Les ressorts du comique**

Dans *Le Médecin volant*, Molière n'hésite pas à reprendre le comique grossier de la farce en multipliant les acrobaties dignes des *zanni* de la *commedia dell'arte*. Dans *L'Amour médecin*, une petite comédie contemporaine de *Tartuffe* et de *Dom Juan*, il recourt à des procédés plus subtils : la tirade de M. Trivelin venant défendre l'intérêt des médecins contre ceux des malades, en est un bon exemple. Quelques années se sont écoulées entre ces deux pièces et l'on voit bien l'évolution de Molière. Sans renier ses sources d'inspiration populaires, il affine les intrigues et le comique.

À retenir : Le comique de Molière, d'inspiration populaire, s'est peu à peu affiné au fil des pièces.

• **La satire**

« *Castigat ridendo mores* » (« Elle corrige les mœurs par le rire ») demandait déjà la comédie latine. Molière renouvelle la satire en approfondissant la critique. Il ne s'agit plus seulement de se moquer des barbons avares et stupides, comme dans *Le Médecin volant*. Dans *L'Amour médecin*, Molière s'en prend à l'hypocrisie et à l'égoïsme d'une société marquée par

À retenir : Chez Molière, la satire a une portée sociale, mais est avant tout mise au service du comique.

des relations mensongères. Des pères incapables d'écouter leur fille, des médecins peu soucieux de leurs malades... : Molière critique ceux qui, ne pensant qu'à leur propre intérêt, sont prêts à tromper leurs proches, à l'image d'un Gorgibus croyant jouer à sa fille la comédie du mariage.

Mais la critique des médecins, si elle permet de dénoncer hypocrisie et égoïsme, est aussi un des ressorts du comique. Molière cherche avant tout à divertir son public.

• La priorité donnée au spectacle

Si, comme on le voit en comparant *Le Médecin volant* (1659) et *L'Amour médecin* (1665), les comédies de Molière accordent au fil du temps plus d'importance au comique de mots qu'aux pitreries, le spectacle demeure une donnée essentielle. En effet, comme il le rappelle dans la préface destinée aux lecteurs de *L'Amour médecin*, le théâtre n'est pas destiné à être lu : « *On sait bien que les comédies ne sont faites que pour être jouées, et je ne conseille de lire celle-ci qu'aux personnes qui ont des yeux pour découvrir dans la lecture tout le jeu du théâtre.* » On ne passe pas par la fenêtre dans *L'Amour médecin*, mais le ballet des médecins, le jeu des échos et des contrastes (Macroton et Bahys, par exemple) montrent que la pièce ne prend tout son relief qu'une fois jouée sur les planches.

L'importance accordée à la représentation est telle que Molière s'associe même avec le compositeur Lully, qui se charge des entractes de *L'Amour médecin*.

Le spectacle est alors total : la musique et la danse font écho aux dialogues pour le plus grand plaisir du spectateur.

Vrais et faux médecins

LA MÉDECINE AU XVIIE SIÈCLE

• Les connaissances médicales

Au XVIIe siècle, la théorie médicale en vigueur est celle
de Galien, un médecin romain du IIe siècle ap. J.-C. pour
qui la santé tient au bon équilibre et aux justes
proportions de quatre « humeurs » : le sang (sécrété
par le cœur), la bile (sécrétée par le foie), l'atrabile
(sécrétée par la rate) et la lymphe (sécrétée par
le cerveau).
Mais c'est la religion qui a le dernier mot en matière
de santé : la maladie étant souvent conçue comme
un châtiment divin, la guérison dépend elle aussi
de la volonté de Dieu.

• Médecins et chirurgiens

Alors que, pour être chirurgien aujourd'hui, il faut
d'abord être médecin, ces deux professions sont bien
distinctes à l'époque de Molière. Le chirurgien, qui est
souvent barbier de surcroît, est l'homme
de la pratique : il réduit les fractures, incise les abcès.
Il apprend son métier en observant un maître et n'a
pas de connaissances théoriques. Le médecin, dont
le métier est plus prestigieux, détient au contraire
le savoir. Il faut parler latin, être catholique et payer
un droit d'inscription élevé pour s'inscrire à la faculté
de médecine de Paris. On y suit des cours
de physiologie, de pathologie, de botanique,
d'anatomie... Les connaissances dans ce dernier
domaine sont réduites car la dissection du corps

humain est interdite par l'Église et ne se pratique donc que clandestinement. L'étudiant, qui soutient une thèse en latin, n'a pas de pratique quand il obtient sa licence.

• La pratique

L'espérance de vie est courte et la mortalité infantile élevée au XVIIe siècle. On redoute les épidémies meurtrières comme la peste, le choléra ou la variole. On ne connaît ni les antibiotiques, ni les vaccins, ni l'anesthésie. L'hygiène est inexistante et il est courant, dans les hôpitaux, de mettre plusieurs malades dans le même lit.

Les remèdes, à base de plantes (les « simples »), sont confectionnés et vendus par les apothicaires, ancêtres des pharmaciens. Les traitements consistent à purger l'organisme pour qu'il se débarrasse des mauvaises humeurs. D'où les lavements et surtout les saignées, qui laissent le malade épuisé.

LE DÉVELOPPEMENT DE LA MÉDECINE

• Quelques avancées

Si la théorie ancienne des quatre humeurs a encore cours au XVIIe siècle et justifie la pratique des saignées, deux découvertes constituent une avancée importante dans les connaissances médicales. On doit la première à William Harvey qui, en 1628, découvrit la circulation du sang. Cette théorie, qui remettait en cause les humeurs, mit du temps à s'imposer : elle fut officialisée en 1672, lorsque Louis XIV ordonna qu'un cours ait lieu à ce sujet au jardin du Roi, l'actuel Muséum d'histoire naturelle de Paris. Puis ce fut l'invention

du microscope, qui permit d'observer les microbes.
Mais les progrès de la médecine sont très lents et, tant
que l'importance de l'hygiène n'est pas reconnue, les
médecins sont peu armés contre les maladies.

• La médecine après Molière
Quelques dates importantes jalonnent ce lent
cheminement des connaissances médicales. Ainsi,
en 1796, Edward Jenner découvre le principe
du vaccin. À la fin du XIXe siècle, Louis Pasteur met
en lumière le lien entre les maladies et les
micro-organismes. Ce sont les débuts
de la microbiologie. Pasteur démontre le rôle essentiel
de l'asepsie, et plus généralement de l'hygiène.
En 1885, il invente le vaccin contre la rage.
À partir de là, la médecine fait un bon en avant et les
découvertes se multiplient du côté de la connaissance
du corps humain, comme du côté des traitements.
Quelques dates clés : 1898, découverte du radium
et de la radioactivité par Pierre et Marie Curie ; 1909,
première chimiothérapie à base d'arsenic (Paul Erlich) ;
1928, premier antibiotique par Alexander Flemming ;
1944, première opération à cœur ouvert ; 1954,
première greffe réussie (un rein)...

LES FAUX MÉDECINS

• Avant Molière
Les médecins ont souvent inspiré les hommes
de théâtre ou les conteurs. Au Moyen Âge, un fabliau,
Le Vilain Mire (*vilain* veut dire « paysan » et *mire* signifie

« médecin ») raconte l'histoire d'une femme qui, pour se venger des coups de bâton que lui donne son mari, parvient à faire croire que ce dernier est médecin à condition de le battre. Le paysan se retrouve obligé de soigner la fille du roi... Cette histoire a inspiré *Le Médecin volant* et plus encore *Le Médecin malgré lui*.

• Un sujet de choix chez Molière

Les médecins sont en effet souvent l'objet d'une satire chez Molière. En plus des deux pièces réunies ici et du *Médecin malgré lui*, on peut citer *Dom Juan*, *Monsieur de Pourceaugnac* (1669) et, surtout, *Le Malade imaginaire*.

Le costume noir et le langage savant sont naturellement une source de comique, dont Molière ne se prive pas. Ayant eu lui-même affaire aux médecins pour ses proches ou pour lui-même, il ne les apprécie pas et ne manque pas une occasion de les critiquer. Cependant, la satire des médecins est avant tout un prétexte pour une remise en cause plus profonde des travers humains : ce que Molière vise lorsqu'il épingle les médecins, ce sont, de manière générale, les faux-semblants, la prétention, l'hypocrisie et l'égoïsme.

• Après Molière

Si, au XVIIIe siècle, Marivaux s'inspire de Molière et de la *commedia dell'arte*, il laisse de côté les médecins, se concentrant principalement sur l'analyse des sentiments.

Sans doute peut-on aussi penser que les médecins ne sont plus au cœur des critiques parce que leur attitude a changé. Les conditions de vie se sont globalement améliorées et la saignée est abandonnée. Il faudra attendre le XXe siècle et la comédie *Knock ou le triomphe de la médecine* de Jules Romain pour retrouver une satire de la médecine.

La durée et la difficulté des études, l'étendue des connaissances, les grandes réussites médicales et le dévouement des médecins sur notre territoire ou dans des causes humanitaires expliquent sans doute que cette profession ne soit plus montrée du doigt aujourd'hui. Nos médecins, fort heureusement, ne ressemblent pas à Tomès ou à Filerin !

Groupement de textes
Molière : les prétentieux dénoncés

« *Castigat ridendo mores* » : « Elle corrige les mœurs par le rire. » Telle est la devise de la comédie latine à laquelle Molière souscrit. Dans *Le Médecin volant*, comme dans *L'Amour médecin,* il s'en prend à la médecine de son temps. Les médecins sont des personnages récurrents dans ses comédies et ce motif comique tisse entre les pièces un réseau d'échos qui réjouit les spectateurs. Même lorsque le thème central de la pièce est tout autre, on peut voir revenir le médecin : c'est ce qui se passe dans *Dom Juan* ou dans *Monsieur de Pourceaugnac*.

Certes, les médecins de Molière, avec leurs grandes robes et leur latin incompréhensible, nous font rire. Mais que vise Molière à travers eux ? Ce n'est pas à la médecine elle-même qu'il s'en prend, mais plutôt à ceux qui, prétendant la maîtriser et dissimulant leur ignorance sous des paroles prétentieuses, cherchent à profiter de la souffrance des hommes.

De façon plus large, Molière dénonce tous les mensonges et toutes les prétentions, tous ceux qui méprisent les autres et abusent de leur naïveté. C'est ainsi qu'il fait la satire des précieuses ou des « femmes savantes » parce qu'elles affichent leur dédain des gens et des choses ordinaires. C'est ainsi qu'il ridiculise le maître de philosophie désireux de tirer un profit financier de la leçon et incapable de s'adapter à son élève. Au XXIe siècle, nous avons aussi nos précieux et nos maîtres de philosophie. Écoutons ce que Molière nous en dit...

LE MÉDECIN MALGRÉ LUI (ACTE II, SCÈNE 4)

S'inspirant du fabliau *Le Vilain Mire* et du *Médecin volant*, Molière renoue avec la tradition de la farce en composant, en 1666, *Le Médecin malgré lui*. Lucinde, pour retarder son mariage avec un jeune homme qu'elle n'aime pas, se fait passer pour muette. Sganarelle, un « faiseur de fagots » de se faire passer pour un médecin, vient l'examiner.

GÉRONTE

Elle est devenue muette, sans que jusques ici on en ait pu savoir la cause ; et c'est un accident qui a fait reculer son mariage.

SGANARELLE

Et pourquoi ?

GÉRONTE

Celui qu'elle doit épouser veut attendre sa guérison pour conclure les choses.

SGANARELLE

Et qui est ce sot-là qui ne veut pas que sa femme soit muette ? Plût à Dieu que la mienne eût cette maladie ! je me garderais bien de la vouloir guérir.

GÉRONTE

Enfin, Monsieur, nous vous prions d'employer tous vos soins pour la soulager de son mal.

SGANARELLE

Ah ! ne vous mettez pas en peine. Dites-moi un peu, ce mal l'oppresse-t-il[1] beaucoup ?

GÉRONTE

Oui, Monsieur.

SGANARELLE

Tant mieux. Sent-elle de grandes douleurs ?

GÉRONTE

Fort grandes.

SGANARELLE

C'est fort bien fait. Va-t-elle où vous savez ?

note

1. l'oppresse-t-il : la fait-il souffrir.

GÉRONTE

Oui.

SGANARELLE

Copieusement ?

GÉRONTE

Je n'entends rien à cela.

SGANARELLE

La matière est-elle louable ?

GÉRONTE

Je ne me connais pas à ces choses.

SGANARELLE, *se tournant vers la malade*.

Donnez-moi votre bras. Voilà un pouls qui marque que votre fille est muette.

GÉRONTE

Eh oui, Monsieur, c'est là son mal ; vous l'avez trouvé tout du premier coup.

SGANARELLE

Ah ! ah !

JACQUELINE[1]

Voyez comme il a deviné sa maladie !

SGANARELLE

Nous autres grands médecins, nous connaissons d'abord[2] les choses. Un ignorant aurait été embarrassé, et vous eût été dire : « C'est ceci, c'est cela » ; mais moi, je touche au but du premier coup, et je vous apprends que votre fille est muette.

GÉRONTE

Oui ; mais je voudrais bien que vous me puissiez dire d'où cela vient.

SGANARELLE

Il n'est rien de plus aisé : cela vient de ce qu'elle a perdu la parole.

notes

1. Jacqueline est la nourrice ; elle incarne le bon sens, mais n'est pas insensible aux efforts de Sganarelle pour la séduire.

2. nous connaissons d'abord : nous reconnaissons tout de suite.

GÉRONTE

Fort bien ; mais la cause, s'il vous plaît, qui fait qu'elle a perdu la parole ?

SGANARELLE

Tous nos meilleurs auteurs vous diront que c'est l'empêchement de l'action de sa langue.

GÉRONTE

Mais encore, vos sentiments sur cet empêchement de l'action de sa langue ?

SGANARELLE

Aristote[1], là-dessus, dit... de fort belles choses.

GÉRONTE

Je le crois.

SGANARELLE

Ah ! c'était un grand homme !

GÉRONTE

Sans doute.

SGANARELLE, *levant son bras depuis le coude.*

Grand homme tout à fait : un homme qui était plus grand que moi de tout cela. Pour revenir donc à notre raisonnement, je tiens[2] que cet empêchement de l'action de sa langue est causé par de certaines humeurs, qu'entre nous autres savants nous appelons humeurs peccantes[3] ; peccantes, c'est-à-dire... humeurs peccantes ; d'autant que les vapeurs formées par les exhalaisons[4] des influences qui s'élèvent dans la région des maladies, venant... pour ainsi dire... à... Entendez-vous[5] le latin ?

GÉRONTE

En aucune façon.

SGANARELLE, *se levant avec étonnement.*

Vous n'entendez point le latin !

GÉRONTE

Non.

notes

1. **Aristote :** philosophe grec 384-322 av. J.-C.).
2. **je tiens :** je considère.
3. **peccantes :** de mauvaise qualité.
4. **exhalaisons :** vapeurs.
5. **Entendez-vous :** comprenez-vous.

SGANARELLE, *en faisant diverses plaisantes*[1] *postures*[2].
Cabricias arci thuram, catalamus[3], *singulariter, nominativo haec Musa,*
« *la Muse », bonus, bona, bonum, Deus sanctus*[4], *estne oratio latinas ?*
Etiam, « oui ». *Quare,* « pourquoi » ? *Quia substantivo et adjectivum*
concordat in generi, numerum, et casus[5].
GÉRONTE
Ah ! que n'ai-je étudié ?

LE MALADE IMAGINAIRE (ACTE II, SCÈNE 6)

Dernière pièce écrite par Molière, *Le Malade imaginaire* (1673)
met en scène Argan, un hypocondriaque[6] qui a décidé
de donner sa fille en mariage au fils de son médecin, médecin
lui-même. Monsieur Diafoirus, le médecin en titre d'Argan,
et son fils Thomas auscultent le « malade imaginaire ».

ARGAN
Je vous prie, monsieur, de me dire un peu comment je suis.
MONSIEUR DIAFOIRUS *lui tâte le pouls*
Allons, Thomas, prenez l'autre bras de monsieur, pour voir
si vous saurez porter un bon jugement de son pouls. *Quid dicis ?*[7]
THOMAS DIAFOIRUS
Dico[8] que le pouls de monsieur est le pouls d'un homme qui
ne se porte point bien.
MONSIEUR DIAFOIRUS
Bon.
THOMAS DIAFOIRUS
Qu'il est duriuscule[9], pour ne pas dire dur.

notes

1. plaisantes : amusantes.
2. postures : attitudes, mimiques.
3. Latin dépourvu de signification ; les premiers mots n'existent pas ; on reconnaît ensuite des termes de grammaire (*singulariter* : « singulier » ; *nominativo* : « nominatif » ; *bonus, bona,* *bonum* : déclinaison de certains adjectifs).
4. Deus sanctus : « Dieu saint » (latin d'église).
5. Quia [...] casus : « parce que l'adjectif et le nom s'accordent en genre, en nombre et en cas » (règle de grammaire latine).
6. hypocondriaque : personne persuadée d'être malade.
7. Quid dicis ?: que dis-tu ?
8. Dico : je dis.
9. duriuscule : un peu dur (mot pédant).

MONSIEUR DIAFOIRUS
Fort bien.
THOMAS DIAFOIRUS
Repoussant[1].
MONSIEUR DIAFOIRUS
Bene[2].
THOMAS DIAFOIRUS
Et même un peu caprisant[3].
MONSIEUR DIAFOIRUS
Optime[4].
THOMAS DIAFOIRUS
Ce qui marque une intempérie[5] dans le *parenchyme splénique*, c'est-à-dire la rate.
MONSIEUR DIAFOIRUS
Fort bien.
ARGAN
Non : monsieur Purgon dit que c'est mon foie qui est malade.
MONSIEUR DIAFOIRUS
Eh ! oui : qui dit *parenchyme*, dit l'un et l'autre, à cause de l'étroite sympathie[6] qu'ils ont ensemble, par le moyen du *vas breve du pylore*[7], et souvent des *méats cholidoques*[8]. Il vous ordonne sans doute de manger force[9] rôti ?
ARGAN
Non, rien que du bouilli.
MONSIEUR DIAFOIRUS
Eh ! oui : rôti, bouilli, même chose. Il vous ordonne[10] fort prudemment, et vous ne pouvez être en de meilleures mains.
ARGAN
Monsieur, combien est-ce qu'il faut mettre de grains de sel dans un œuf ?

notes

1. **Repoussant :** qui repousse le doigt qui le tâte.
2. **Bene :** « bien ».
3. **caprisant :** irrégulier.
4. **Optime :** « très bien ».
5. **intempérie :** déséquilibre des humeurs.

6. **sympathie :** relation.
7. **vas breve du pylore :** petit canal entre l'estomac et l'intestin.
8. **méats cholidoques :** méats cholédoques, ouvertures qui laissent

passer la bile ; il s'agit chez Monsieur Diafoirus d'une prononciation ancienne du mot et non d'une erreur.
9. **force :** grande quantité.
10. **ordonne :** fait une ordonnance.

MONSIEUR DIAFOIRUS
Six, huit, dix, par les nombres pairs ; comme dans les médicaments, par les nombres impairs.
ARGAN
Jusqu'au revoir, monsieur.

LES PRÉCIEUSES RIDICULES (SCÈNES V ET VI)

En 1659, *Les Précieuses ridicules*, une pièce en un acte, obtinrent un grand succès qui fit connaître aux Parisiens Molière et sa troupe. Molière s'en prend aux prétentions des précieux qui veulent donner au quotidien ordinaire une apparence idéale. Magdelon, la fille du « bon bourgeois » Gorgibus, ainsi que sa cousine Cathos repoussent le projet de mariage que Gorgibus a formé pour elles, jugeant l'idée du mariage et les jeunes gens choisis trop ordinaires. Pour se venger, ces deux derniers font passer leurs valets pour des hommes du monde, des précieux venus séduire les jeunes filles. Les deux valets déguisés viennent d'annoncer leur visite.

Scène v

CATHOS
Mon Dieu, ma chère, que ton père a la forme enfoncée dans la matière ! que son intelligence est épaisse, et qu'il fait sombre dans son âme[1] !
MAGDELON
Que veux-tu, ma chère, j'en suis en confusion pour lui. J'ai peine à me persuader que je puisse être véritablement sa fille, et je crois que quelque aventure, un jour, me viendra développer une naissance plus illustre[2].

notes

1. Exemple de la façon de parler obscure et prétentieuse des précieux.

2. me viendra développer une naissance plus illustre : viendra m'apprendre que je suis née de parents de haut rang.

CATHOS

Je le croirais bien, oui, il y a toutes les apparences du monde, et pour moi, quand je me regarde aussi...

Scène VI

MAROTTE

Voilà un laquais qui demande si vous êtes au logis, et dit que son maître vous veut venir voir.

MAGDELON

Apprenez, sotte, à vous énoncer[1] moins vulgairement. Dites : « Voilà un nécessaire qui demande si vous êtes en commodité d'être visibles. »

MAROTTE

Dame, je n'entends point le latin, et je n'ai pas appris, comme vous, la filofie[2] dans *Le Grand Cyre*[3].

MAGDELON

L'impertinente ! le moyen de souffrir cela ! Et qui est-il, le maître de ce laquais ?

MAROTTE

Il me l'a nommé le marquis de Mascarille.

MAGDELON

Ah ma chère ! un marquis, oui, allez dire qu'on nous peut voir. C'est sans doute un bel esprit, qui aura ouï[4] parler de nous.

CATHOS

Assurément, ma chère.

MAGDELON

Il faut le recevoir dans cette salle basse[5], plutôt qu'en notre chambre ; ajustons un peu nos cheveux au moins, et soutenons notre réputation. Vite, venez nous tendre ici dedans[6] le conseiller des grâces.

notes

1. *vous énoncer :* parler.
2. *filofie :* déformation du mot « philosophie ».
3. **Le Grand Cyre :** roman précieux de Mademoiselle de Scudéry (1607-1701).
4. *ouï :* entendu.
5. *salle basse :* salon situé au rez-de-chaussée.
6. *ici dedans :* dans une petite pièce attenante au salon.

MAROTTE

Par ma foi, je ne sais point quelle bête c'est là ; il faut parler chrétien[1], si vous voulez que je vous entende.

MAGDELON

Apportez-nous le miroir, ignorante que vous êtes. Et gardez-vous bien d'en salir la glace, par la communication de votre image.

LES FEMMES SAVANTES, (ACTE II, SCÈNE 6)

Dans *Les Femmes savantes,* une comédie en vers jouée pour la première fois en 1672, Molière dénonce la prétention des femmes qui se piquent de tout savoir et méprisent ceux qui n'ont pas leur culture. Ici, Chrysale, le maître de maison, essaie de comprendre pourquoi sa femme Philaminte et sa sœur Bélise ont chassé la servante Martine.

CHRYSALE

Est-ce qu'elle a laissé, d'un esprit négligent,
Dérober quelque aiguière[2] ou quelque plat d'argent ?

PHILAMINTE

Cela ne serait rien.

CHRYSALE

Oh, oh ! peste, la belle !
Quoi ? l'avez-vous surprise à n'être pas fidèle ?

PHILAMINTE

C'est pis[3] que tout cela.

CHRYSALE

Pis que tout cela ?

PHILAMINTE

Pis.

CHRYSALE

Comment diantre, friponne ! Euh ? a-t-elle commis...

PHILAMINTE

Elle a, d'une insolence à nulle autre pareille,

notes

1. parler chrétien : parler comme tout le monde.

2. aiguière : sorte de vase à large anse et col effilé.

3. pis : pire.

Après trente leçons, insulté mon oreille
Par l'impropriété[1] d'un mot sauvage et bas[2],
Qu'en termes décisifs condamne Vaugelas[3].

CHRYSALE
Est-ce là...

PHILAMINTE
          Quoi ? toujours, malgré nos remontrances[4],
Heurter le fondement de toutes les sciences,
La grammaire, qui sait régenter jusqu'aux rois,
Et les fait la main haute[5] obéir à ses lois ?

CHRYSALE
Du plus grand des forfaits[6] je la croyais coupable.

PHILAMINTE
Quoi ? Vous ne trouvez pas ce crime impardonnable ?

CHRYSALE
Si fait[7].

PHILAMINTE
     Je voudrais bien que vous l'excusassiez[8].

CHRYSALE
Je n'ai garde[9].

BÉLISE
               Il est vrai que ce sont des pitiés :
Toute construction est par elle détruite,
Et des lois du langage on l'a cent fois instruite.

MARTINE
Tout ce que vous prêchez[10] est, je crois, bel et bon ;
Mais je ne saurais, moi, parler votre jargon.

PHILAMINTE
L'impudente ! appeler un jargon le langage
Fondé sur la raison et sur le bel usage !

notes

1. **impropriété :** usage d'un mot inadéquat.
2. **bas :** vulgaire.
3. **Vaugelas :** grammairien (1585-1650) qui commença à fixer les règles de la langue française.
4. **remontrances :** reproches.
5. **la main haute :** aisément.
6. **forfaits :** crimes.
7. **Si fait :** oui.
8. Imparfait du subjonctif du verbe « excuser » ; ce temps est d'usage courant au XVIIe siècle ; la phrase est ici ironique (« Il ne manquerait plus que vous l'excusiez »).
9. **Je n'ai garde :** je m'en garde bien.
10. **prêchez :** recommandez.

Groupement de textes

MARTINE
Quand on se fait entendre, on parle toujours bien,
Et tous vos biaux[1] dictons[2] ne servent pas de rien[3].

PHILAMINTE
Hé bien ! ne voilà pas encore de son style !
Ne servent pas de rien !

BÉLISE
                    Ô cervelle indocile !
Faut-il qu'avec les soins qu'on prend incessamment[4],
On ne te puisse apprendre à parler congrûment[5] ?
De *pas* mis avec *rien* tu fais la récidive[6],
Et c'est, comme on t'a dit, trop d'une négative.

MARTINE
Mon Dieu ! je n'avons pas étugué comme vous,
Et je parlons tout droit comme on parle cheux nous.

PHILAMINTE
Ah ! peut-on y tenir ?

BÉLISE
                    Quel solécisme[7] horrible !

PHILAMINTE
En voilà pour tuer une oreille sensible.

BÉLISE
Ton esprit, je l'avoue, est bien matériel.
Je n'est qu'un singulier, *avons* est pluriel.
Veux-tu toute ta vie offenser la grammaire ?

MARTINE
Qui parle d'offenser grand-mère ni grand-père ?

PHILAMINTE
Ô Ciel !

BÉLISE
        Grammaire est prise à contre-sens par toi,
Et je t'ai dit déjà d'où vient ce mot.

notes

1. biaux : beaux (parler paysan).
2. dictons : paroles (se dit des proverbes populaires).
3. ne servent pas de rien : ne sont pas inutiles.
4. incessamment : sans cesse.
5. congrûment : correctement.
6. récidive : ici, redite, répétition.
7. solécisme : incorrection.

MARTINE

Ma foi !
Qu'il vienne de Chaillot, d'Auteuil, ou de Pontoise[1],
Cela ne me fait rien.

BÉLISE

Quelle âme villageoise !
La grammaire, du verbe et du nominatif[2],
Comme de l'adjectif avec le substantif[3],
Nous enseigne les lois.

MARTINE

J'ai, madame, à vous dire
Que je ne connais point ces gens-là.

PHILAMINTE

Quel martyre !

BÉLISE

Ce sont les noms des mots et l'on doit regarder
En quoi c'est qu'il les faut faire ensemble accorder.

MARTINE

Qu'ils s'accordent entre eux ou se gourment[4], qu'importe ?

PHILAMINTE, *à sa belle-sœur*

Eh, mon Dieu ! finissez un discours de la sorte.

(À son mari.)

Vous ne voulez pas, vous, me la faire sortir ?

CHRYSALE

Si fait. À son caprice il me faut consentir.
Va, ne l'irrite point : retire-toi, Martine.

PHILAMINTE

Comment ? vous avez peur d'offenser la coquine ?
Vous lui parlez d'un ton tout à fait obligeant[5] ?

CHRYSALE

Moi ? point. Allons, sortez. *(Bas.)* Va-t'en, ma pauvre enfant.

---

notes

1. Villages autour de Paris au XVIIᵉ siècle.
2. nominatif : sujet du verbe ; il s'agit de l'accord.
3. substantif : nom.
4. se gourment : se disputent.
5. obligeant : poli.

LE BOURGEOIS GENTILHOMME (ACTE II, SCÈNE 4)

Avec Lully, un musicien très apprécié par Louis XIV, Molière compose une comédie-ballet, *Le Bourgeois gentilhomme*[1], qui sera jouée en 1670. Il y dénonce les prétentions nobiliaires[2] du bourgeois M. Jourdain. Il s'en prend également aux parasites qui vivent à ses crochets : maîtres de danse, d'armes, de philosophie...

MAÎTRE DE PHILOSOPHIE, *en raccommodant son collet*[3]
Venons à notre leçon.

M. JOURDAIN
Ah ! monsieur, je suis fâché des coups qu'ils vous ont donnés.

MAÎTRE DE PHILOSOPHIE
Cela n'est rien. Un philosophe sait recevoir comme il faut les choses, et je vais composer contre eux une satire du style de Juvénal[4], qui les déchirera de la belle façon. Laissons cela. Que voulez-vous apprendre ?

M. JOURDAIN
Tout ce que je pourrai, car j'ai toutes les envies du monde d'être savant ; et j'enrage que mon père et ma mère ne m'aient pas fait bien étudier dans toutes les sciences, quand j'étais jeune.

MAÎTRE DE PHILOSOPHIE
Ce sentiment est raisonnable : *Nam sine doctrina vita est quasi mortis imago.* Vous entendez cela, et vous savez le latin sans doute ?

M. JOURDAIN
Oui, mais faites comme si je ne le savais pas : expliquez-moi ce que cela veut dire.

notes

1. gentilhomme : noble.
2. nobiliaires : relatives à la noblesse ; Monsieur Jourdain est un bourgeois qui rêve de devenir noble.
3. collet : large col ; le maître de philosophie vient de se battre avec ses collègues dans la scène III.
4. Juvénal : poète latin (v. 60 - v. 128 ap. J.-C.) auteur des *Satires*, œuvre dans laquelle il critique les mœurs de son temps.

MAÎTRE DE PHILOSOPHIE
Cela veut dire que « Sans la science, la vie est presque une image de la mort. »

M. JOURDAIN
Ce latin-là a raison.

MAÎTRE DE PHILOSOPHIE
N'avez-vous point quelques principes[1], quelques commencements des sciences ?

M. JOURDAIN
Oh ! oui, je sais lire et écrire.

MAÎTRE DE PHILOSOPHIE
Par où vous plaît-il que nous commencions ? Voulez-vous que je vous apprenne la logique[2] ?

M. JOURDAIN
Qu'est-ce que c'est que cette logique ?

MAÎTRE DE PHILOSOPHIE
C'est elle qui enseigne les trois opérations de l'esprit.

M. JOURDAIN
Qui sont-elles, ces trois opérations de l'esprit ?

MAÎTRE DE PHILOSOPHIE
La première, la seconde et la troisième. La première est de bien concevoir par le moyen des universaux. La seconde, de bien juger par le moyen des catégories, et la troisième de bien tirer une conséquence par le moyen des figures[3] Barbara, Celarent, Darii, Ferio, Baralipton[4], etc.

M. JOURDAIN
Voilà des mots qui sont trop rébarbatifs[5]. Cette logique-là ne me revient point. Apprenons autre chose qui soit plus joli.

MAÎTRE DE PHILOSOPHIE
Voulez-vous apprendre la morale ?

M. JOURDAIN
La morale ?

notes

1. **principes :** premières notions.
2. **logique :** art de raisonner.
3. **figures :** termes du syllogisme (une forme de raisonnement constituée de trois termes).
4. **Barbara [...] Baralipton :** formules mnémotechniques destinées à retenir certaines formes de raisonnement logique.
5. **rébarbatifs :** ennuyeux au point d'en être repoussants.

Groupement de textes

MAÎTRE DE PHILOSOPHIE
Oui.

M. JOURDAIN
Qu'est-ce qu'elle dit cette morale ?

MAÎTRE DE PHILOSOPHIE
Elle traite de la félicité[1], enseigne aux hommes à modérer leurs passions, et...

M. JOURDAIN
Non, laissons cela. Je suis bilieux[2] comme tous les diables ; et il n'y a morale qui tienne, je me veux mettre en colère tout mon soûl, quand il m'en prend envie.

MAÎTRE DE PHILOSOPHIE
Est-ce la physique[3] que vous voulez apprendre ?

M. JOURDAIN
Qu'est-ce qu'elle chante cette physique ?

MAÎTRE DE PHILOSOPHIE
La physique est celle qui explique les principes des choses naturelles et les propriétés du corps ; qui discourt de la nature des éléments, des métaux, des minéraux, des pierres, des plantes et des animaux, et nous enseigne les causes de tous les météores[4], l'arc-en-ciel, les feux volants[5], les comètes, les éclairs, le tonnerre, la foudre, la pluie, la neige, la grêle, les vents et les tourbillons[6].

M. JOURDAIN
Il y a trop de tintamarre là-dedans, trop de brouillamini[7].

MAÎTRE DE PHILOSOPHIE
Que voulez-vous donc que je vous apprenne ?

M. JOURDAIN
Apprenez-moi l'orthographe.

MAÎTRE DE PHILOSOPHIE
Très volontiers.

notes

1. **félicité :** bonheur.
2. **bilieux :** coléreux.
3. **physique :** science de la nature.
4. **météores :** phénomènes qui se passent dans la partie supérieure de l'atmosphère.
5. **feux volants :** feux follets.
6. **tourbillons :** tempêtes.
7. **brouillamini :** confusion.

M. JOURDAIN

Après, vous m'apprendrez l'almanach[1], pour savoir quand il y a de la lune et quand il n'y en a point.

MAÎTRE DE PHILOSOPHIE

Soit. Pour bien suivre votre pensée et traiter cette matière en philosophe, il faut commencer selon l'ordre des choses, par une exacte connaissance de la nature des lettres, et de la différente manière de les prononcer toutes. Et là-dessus j'ai à vous dire que les lettres sont divisées en voyelles, ainsi dites « voyelles » parce qu'elles expriment les voix, et en consonnes, ainsi appelées « consonnes » parce qu'elles sonnent avec les voyelles, et ne font que marquer les diverses articulations des voix. Il y a cinq voyelles ou voix : A, E, I, O, U.

M. JOURDAIN

J'entends tout cela.

MAÎTRE DE PHILOSOPHIE

La voix A se forme en ouvrant fort la bouche : A.

M. JOURDAIN

A, A. Oui.

MAÎTRE DE PHILOSOPHIE

La voix E se forme en rapprochant la mâchoire d'en bas de celle d'en haut : A, E.

M. JOURDAIN

A, E, A, E. Ma foi ! oui. Ah ! que cela est beau.

MAÎTRE DE PHILOSOPHIE

Et la voix I en rapprochant encore davantage les mâchoires l'une de l'autre, et écartant les deux coins de la bouche vers les oreilles : A, E, I.

M. JOURDAIN

A, E, I, I, I, I. Cela est vrai. Vive la science !

MAÎTRE DE PHILOSOPHIE

La voix O se forme en rouvrant les mâchoires, et rapprochant les lèvres par les deux coins, le haut et le bas : O.

notes

1. *almanach :* calendrier sur lequel figurent diverses informations pratiques.

M. JOURDAIN

O, O. Il n'y a rien de plus juste. A, E, I, O, I, O. Cela est admirable ! I, O, I, O.

MAÎTRE DE PHILOSOPHIE

L'ouverture de la bouche fait justement comme un petit rond qui représente un O.

M. JOURDAIN

O, O, O. Vous avez raison. O. Ah ! la belle chose que de savoir quelque chose !

MAÎTRE DE PHILOSOPHIE

La voix U se forme en rapprochant les dents sans les joindre entièrement, et allongeant les deux lèvres en dehors, les approchant aussi l'une de l'autre sans les joindre tout à fait : U.

M. JOURDAIN

U, U. Il n'y a rien de plus véritable : U.

MAÎTRE DE PHILOSOPHIE

Vos deux lèvres s'allongent comme si vous faisiez la moue : d'où vient que si vous la voulez faire à quelqu'un, et vous moquer de lui, vous ne sauriez lui dire que : U.

M. JOURDAIN

U, U. Cela est vrai. Ah ! que n'ai-je étudié plus tôt, pour savoir tout cela ?

MAÎTRE DE PHILOSOPHIE

Demain, nous verrons les autres lettres, qui sont les consonnes.

Bibliographie, filmographie

D'AUTRES COMÉDIES DE MOLIÈRE

– *Le Médecin malgré lui*, coll. « Bibliocollège », n° 7, Hachette, 2005.
– *L'Avare*, coll. « Bibliocollège », n° 16, Hachette, 2005.
– *Le Bourgeois gentilhomme*, coll. « Bibliocollège », n° 33, Hachette, 2001.
– *Les Fourberies de Scapin*, coll. « Bibliocollège », n° 1, Hachette, 2005.
– *Le Malade imaginaire*, coll. « Bibliocollège », n° 5, Hachette, 1999.

SUR MOLIÈRE

– Un roman : *Louison et Monsieur Molière*, Marie-Christine Helgerson, Castor-Poche, Flammarion, 2000.
– Une biographie romancée : *La Jeunesse de Molière*, Pierre Lepère, « Folio Junior » n° 1290, Gallimard, 2003.
– Une biographie : *Molière*, Sylvie Dodeller, coll. « Belles Vies », École des loisirs, 2005.

SUR LE THÉÂTRE

– *La Vie quotidienne des comédiens au temps de Molière*, Georges Mongrédien, coll. « La Vie quotidienne », Hachette, 1966.
– *Le Théâtre raconté aux jeunes*, André Degaine, Nizet, 2006.
– Un roman : *Une belle matinée*, Marguerite Yourcenar, « Folio Junior » n° 1258, Gallimard, 2003.

SUR L'ÉPOQUE DE MOLIÈRE

– *La Vie quotidienne au temps de Louis XIV*, François Bluche, coll. « La Vie quotidienne », Hachette, 1980.

DES FILMS

– *Le Médecin malgré lui*, de Georges Folgoas, avec Jean Richard, coll. « Les Classiques de *Au théâtre ce soir* », L.M.L.R., 1973.
– *L'Avare*, de Jean Girault, avec Louis de Funès et Michel Galabru, 1979.
– *Le Malade imaginaire*, mise en scène de Jean-Laurent Cochet, avec Jacques Charon, réalisé par Jean-Paul Carrère, coll. « Comédie-Française », 2002.

DES SITES

– www.comedie-francaise.fr
– www.bnf.fr (« arts du spectacle »)

Achevé d'imprimer en Italie par Rotolito Lombarda
Dépôt légal : Mai 2011 - Edition 03
28/1454/9